図解 働き方

稲盛和夫
Kazuo
Inamori

三笠書房

図解

働き方

目次

プロローグ

幸福になる「働き方」

第1章

「心を高める」ために働く
――なぜ働くのか

第2章

「仕事を好きになる」ように働く
――いかに仕事に取り組むか

第3章

「高い目標」を掲げて働く

――誰にも負けない努力を重ねる

本文デザイン／斎藤 充（クロロス）
編集協力／藤吉 豊（クロロス）、岸並 徹
本文イラスト／田中英樹

本書は、小社より刊行した『働き方』のプロローグから
3章までを、図解版として再編集したものです。

プロローグ

幸福になる「働き方」

01

「本当に価値のある人生」を送るために

この国は今、「道しるべのない時代」を迎えています。

確かな指針を見出せない中にあって、少子高齢化や人口減少、地球環境問題など、過去に経験したことがない問題に直面し、人々の価値観そのものが、大きく揺らいでいるように見受けられるのです。

人生の中でもっとも多くの時間を費やす、「働く」ということに関する考え方、仕事に対する心構えも、その一つなのかもしれません。

「なぜ働くのか」「何のために働くのか」――多くの人が今、働くことの意義やその目的を見失っているようです。

日々の仕事を進めるための技術やマニュアルは、あふれるほど用意されているのに、働くということに込められた、根本的な価値を明らかにすることは、ないがしろにされてきました。

そのため、今、若い人たちの間で、労働を嫌い、厭《いと》い、できるだけ回避しようとする傾向が顕著になっています。

たとえば、「一生懸命働く」「必死に仕事をする」といったことを意味がないとか、格好悪いと冷笑する人さえ少なくありません。

そのため、株の取引などで「楽して儲ける」スタイルに憧れを抱く人や、ベンチャーを起業するにしても、上場で一攫千金《いっかくせんきん》を果たし、若くしてリタイアすることがゴールだという人も増えているようです。

一方、働くことを怖がる傾向も多く見られます。

社会へ出て働くことは、自分の人間性を剥奪《はくだつ》されてしまう苦役《くえき》でしかない。だから、就職もせず、親の庇護《ひご》のもと、ぶらぶらと過ごす。さもなくば目的もなく、アルバイトで食いつなぎながらイヤイヤ働く。ニートやフリーターなどの増加は、労働に関する考え方、心構えの変化がもたらした、必然的な結果だと言えるのかもしれません。

働くことを「必要悪」ととらえる考え方も、さも常識であるかのようにささやかれるようになってしまいました。

本当は働きたくない、しかし食べていくためには、やむを得ないから働く。だから、できるだけ楽に稼げればいい。本当は、会社に縛られず、プライベートな時間を大切にして、自分の趣味に没頭していたい。そのような生き方は、豊かな時代環境を背景に、今や若い人の間に浸透してしまったようです。

このようにして、今多くの人が、「働くこと」の根源的な意味を見失い、「働くこと」そのものに、真正面から向き合っていないように思うのです。

私はそういう人たちに、「せっかくこの世に生を受けたにもかかわらず、果たして本当に価値ある人生であったのか」と問うてみたい。いや、問うだけではなく、そのような若い人たちに、なんとしても、私の考える正しい「働き方」を教えてあげたいのです。

働くことの意義を理解し、一生懸命に働くことで、「幸福な人生」を送ることができることを——。

この本では、「働く」ということに関する私の考えと体験をお話しすることを通じて、労働が人生にもたらす、素晴らしい可能性について、ぜひ述べていきたいと考えています。

「なぜ働くのか」「何のために働くのか」

02
働くことは「万病に効く薬」

私は、働くことは「万病に効く薬」——あらゆる試練を克服し、人生を好転させていくことができる、妙薬《みょうやく》（素晴らしい薬）だと思っています。

私たちの人生は、さまざまな苦難から成り立っています。

自分が望んだり、招いたりしたわけでもないのに、思いもかけない不幸が次々に襲ってきます。そのような苦難や不幸に翻弄《ほんろう》されるとき、私たちは自らの運命を恨《うら》み、つい打ちひしがれそうになってしまうものです。

しかし、「働く」こと自体に、そのような過酷な運命を克服し、人生を明るく希望あふれるものにしていく、素晴らしい力が秘められているのです。それは、私自身の人生を振り返ってみても、明らかです。

私は若いときに、多くの挫折を経験しました。まず、中学の受験に失敗しました。

どんな試練も、働くという妙薬で克服できる

そして、結核にかかり死線をさ迷うことになりました。病気を押して受けた再度の中学受験にも失敗しました。そのうえ、戦災で家まで焼かれてしまいました。

十歳代前半の幼心にも、自分のツキのなさに暗然《あんぜん》とする思いでしたが、試練はその後も続きました。大学への進学や就職活動も思うに任せなかったのです。

志望大学の医学部の受験に失敗した後に、地元の大学の工学部に入学することになりました。気を取り直し、猛勉強に励み、学校から太鼓判をいただいていたものの、大手企業への就職活動がことごとくうまくいきません。

やむなく先生の紹介で、京都にあった小さなガイシ（電線を支持し、絶縁するために、鉄塔や電柱などに取り付ける陶製の器具）製造会社に就職しました。しかし、その会社は今にも潰《つぶ》れそうな赤字会社で、初任給が給料日に支払われず、「もう少し待ってくれ」と会社から言われる始末でした。

二十三歳の私は、人生の門出にあたり、「なぜ自分にはこんなに次々と、苦難や不幸が降りかかってくるのだろう。この先、自分の人生はどうなっていくのだろう――」と、暗澹《あんたん》たる思いにとらわれ、自らの運命を嘆いたものでした。

しかし、私は、そのような過酷な運命に彩られていたはずの人生を、たった一つの

一生懸命に働くと、人生の歯車がよい方向に回転する

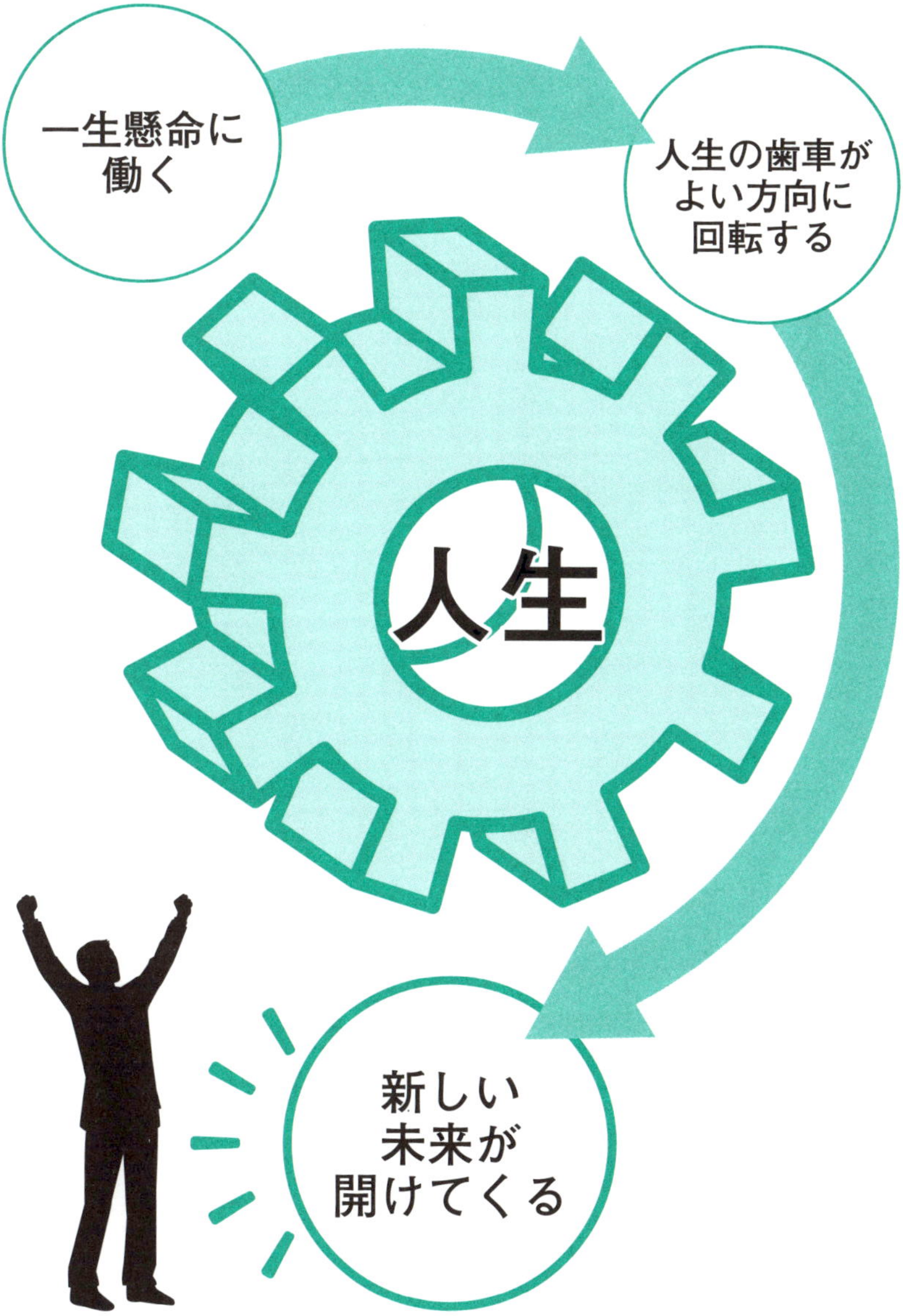

ことで、大きく塗り替えることができたのです。

それは、私自身の考えを改め、ただ一生懸命に働くことでした。するとと不思議なことに、苦難や挫折の方向にしか回転していかなかった私の人生の歯車が、よい方向へと逆回転をし始めたのです。

そして、その後の私の人生は、自分自身でも信じられないほど、素晴らしく希望あふれるものへと変貌を遂げていきました。

読者のみなさんの中にも今、働く意義を理解しないまま仕事に就いて、悩み、傷つき、嘆いている方があるかもしれません。そのような方には、「働く」ということは、試練を克服し、運命を好転させてくれる、まさに「万病に効く薬」なのだということを、ぜひ理解していただきたいと思います。

そして、今の自分の仕事に、もっと前向きに、できれば無我夢中になるまで打ち込んでみてください。そうすれば必ず、苦難や挫折を克服することができるばかりか、想像もしなかったような、新しい未来が開けてくるはずです。

本書を通じて、一人でも多くの方々が、「働く」ことの意義を理解され、幸福で素晴らしい人生を送っていただくことを心から祈ります。

第1章

「心を高める」ために働く

——なぜ働くのか

03

私たちは「自らの心」を高めるために、働く

何のために働くのか——。

その理由を、「生活の糧を得るため」と考えている人がたくさんいます。

食うがために必要な報酬を得ることこそが労働の価値であり、働くことの第一義であるというわけです。

もちろん、「生活の糧を得る」ことが、働くということの大切な理由の一つであることは間違いありません。

ただ、私たちが一生懸命に働くのは、そのためだけではないはずです。

人間は、自らの心を高めるために働く——私はそう考えています。

「心を高める」ということは、お坊さんが厳しい修行に長年勤めてもできないほど、たいへん難しいことなのですが、働くことには、それを成し遂げるだけの大きな力が

一生懸命働くほど「心」が高まる

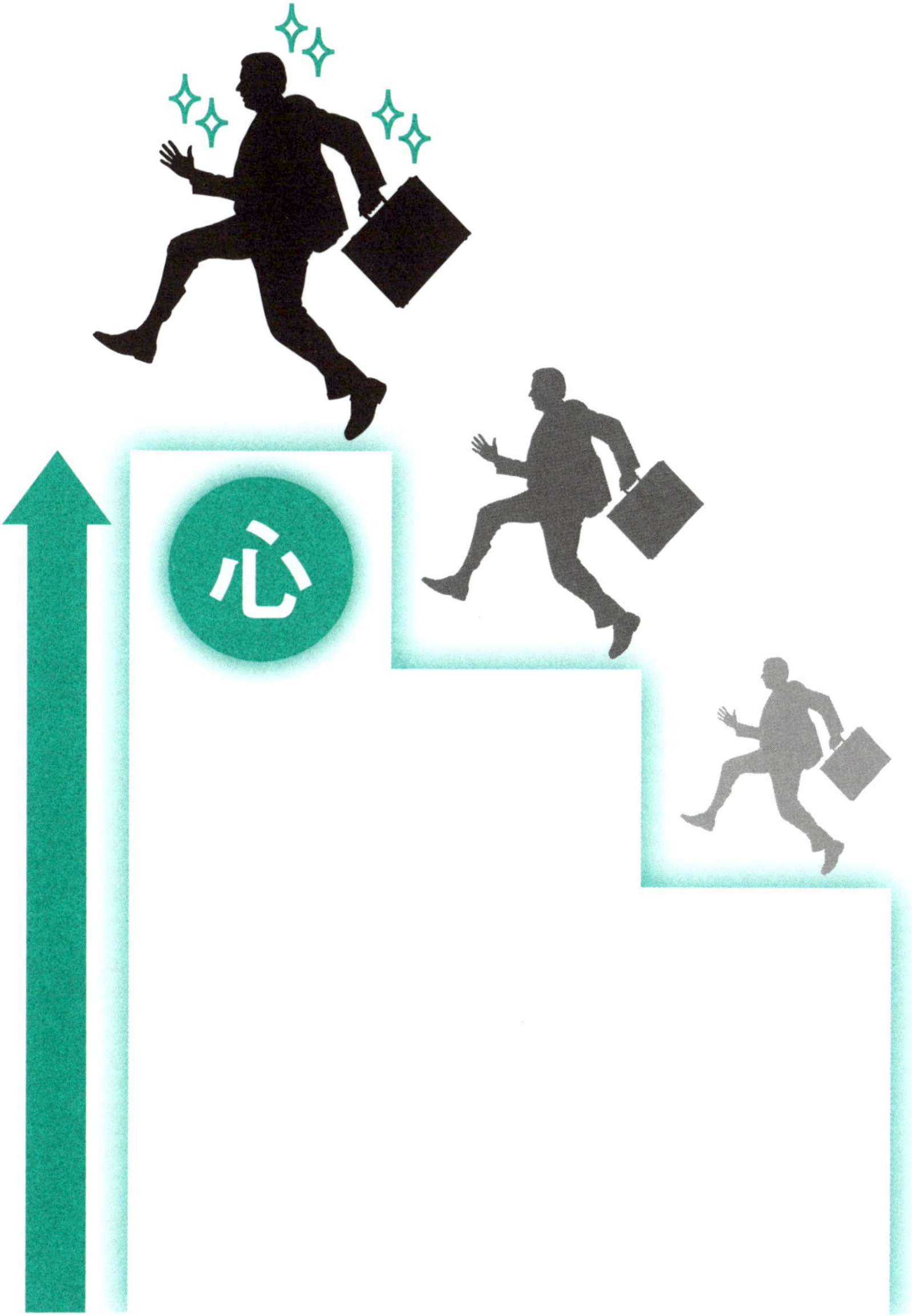

あるのです。

働くことの意義が、ここにあります。日々、一生懸命に働くことには、私たちの心を鍛え、人間性を高めてくれる、素晴らしい作用があるのです。

以前に、ある宮大工の棟梁《とうりょう》の話を、テレビのインタビュー番組で聞いて、感動したことがあります。

「木には命が宿っている。その命が語りかけてくる声に耳を傾けながら仕事をしなければならない」「樹齢千年の木を使うからには、千年の月日に耐えるような立派な仕事をしなければならない」——棟梁は、そのようにおっしゃっていました。

このような心に染み入るような言葉は、生涯を通じて、仕事と真正面から向き合い、努力を重ねてきた方でなければ、とても口にできるものではありません。

「大工の仕事を究める」ということは、ただ単に鉋《かんな》をかけて「素晴らしい建物」をつくり上げる技術を磨くことをいうだけでなく、心を磨き、「素晴らしい人間性」をつくり上げることにもある——私は棟梁のお話から、このことを実感し、深い感銘を受けました。

その棟梁は、小学校を出てから七十有余《ゆうよ》歳に至るまで、ずっと宮大工として生涯を

「仕事を究める」とは、「心」と「技術」を磨くこと

務めてこられた方のようでした。その長い年月の間、一つの仕事をやり通すには、つらいことやしんどいこと、もう辞めたくなるような苦労もあったことでしょう。

その苦労を克服しつつ、一生懸命に仕事に励むことで、素晴らしい人格を育み、豊かで深みのある言葉を自分のものにされたのだと思うのです。

私は、この宮大工の棟梁のように、一生を一つの職業に捧げ、地道な労働を営々と重ねてきた人物に強く魅了されます。ひたすら働き続けることを通じて、心を練り上げてきた人間だけが持つ、人格の重みや揺るぎない存在感――そういうものに接するたびに、私は働くという行為の尊さに改めて思いを馳《は》せるのです。

そして同時に、将来を担うべき、現代を生きる若い人たちにも、仕事で努力することを厭わず、仕事で苦労することから逃げず、ただ素直な心で一生懸命に仕事に打ち込んでほしいと思うのです。

ときに、「いったい何のために働くのか」という自問が湧いてくるかもしれません。そういうときには、ただ一つのことを思い出していただきたい。

働くことは人間を鍛え、心を磨き、「人生において価値あるもの」をつかみ取るための尊くて、もっとも重要な行為であることを――。

04

働くことが「人をつくる」

「よく生きる」ためには、「よく働くこと」がもっとも大切なことです。

それは、心を高め、人格を磨いてくれる「修行」であると言っても過言ではありません。

今から十年くらい前のことでしょうか、ドイツ領事の方と対談をさせていただいた折り、次のようなお話をお聞きしました。

「労働の意義は、業績の追求にのみあるのではなく、個人の内的完成にこそある」

働くということの最大の目的は、労働に従事する私たち自身の心を練磨《れんま》し、人間性を高めることにある。つまり、ただひたむきに、目の前の自分のなすべき仕事に打ち込み、精魂を込めて働く。そのことで、私たちは自らの内面を耕し、深く厚みのある人格をつくり上げることができると言われるのです。

「働くことが、人をつくる」――すなわち日々の仕事にしっかりと励むことによって、自己を確立し、人間的な完成に近づいていく。そのような例は、古今東西を問わず、枚挙にいとまがありません。世の偉人伝をひもとくと、必ずそのような事実に行き当たります。

功成《こうな》り名を遂げた誰もが、例外なく、努力を惜しまず、辛苦《しんく》を重ねながら、自分のなすべき仕事に没頭しています。そして、その果てしのない努力を通じて、偉大な功績を成し遂げるとともに、素晴らしい人間性をもまたわがものとしているのです。

このような話もあります。

南太平洋・ニューブリテン島のある未開部族の村落では、「労働は美徳」という考え方があるそうです。そこでは、「よく働くことが、よい心をつくる」「よき仕事は、よき心から生まれる」というシンプルな労働観を中心に生活が営まれているというのです。

その村落のおもな労働は、焼畑農業によるタロイモの栽培です。

そこには「仕事は苦役《くえき》」という概念がまったく存在しないのです。村人たちが働くことを通じて目指すものは、「仕事の美的成就」と「人格の陶冶《とうや》」、つまり、美しく仕

「功成り名を遂げた人」がやってきたこと

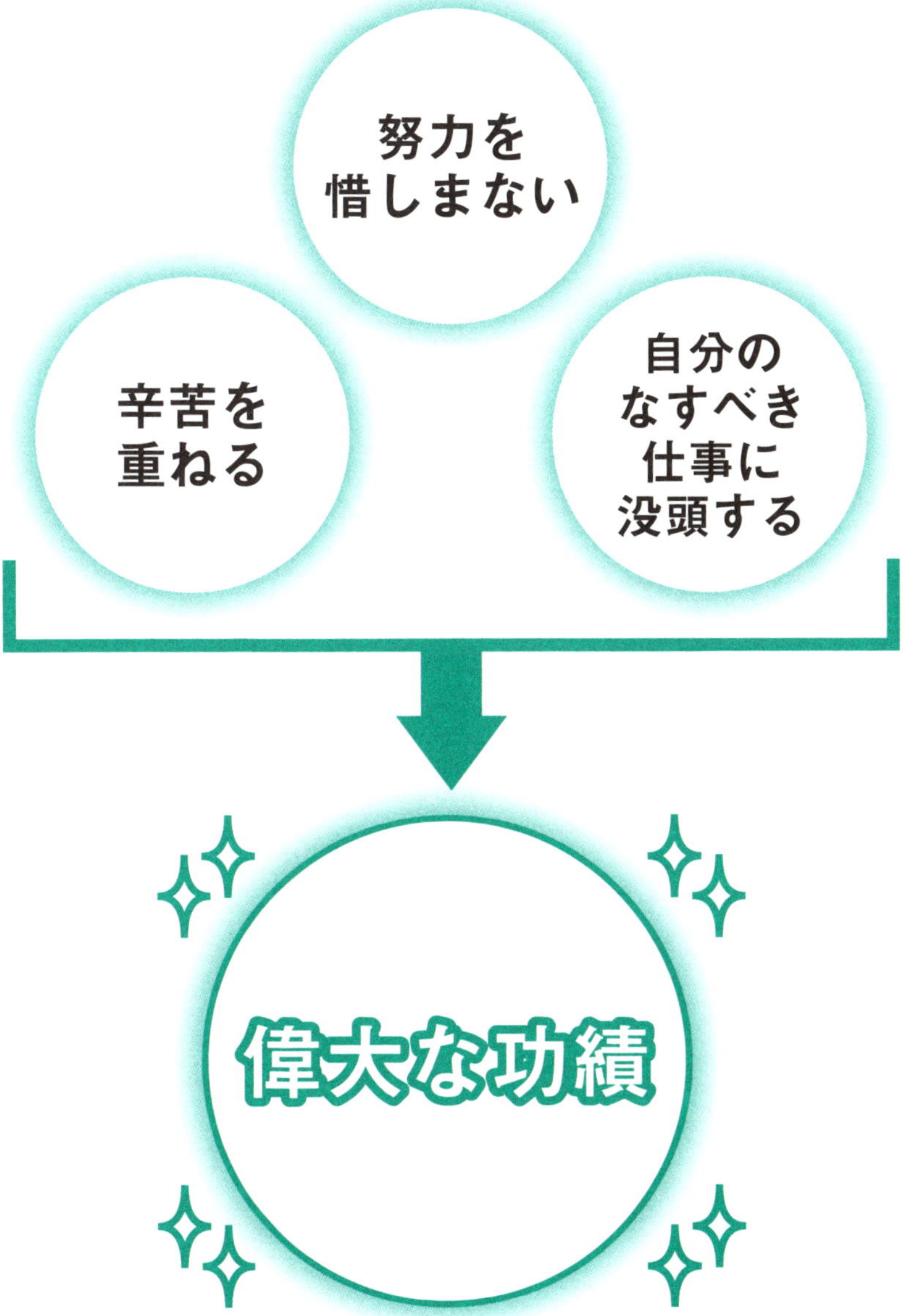

事を仕上げること、そして、それを通じて人格を磨くことだと言います。

村人たちは、畑の配置、作物の出来ばえ、土の匂いといったものを評価し合うのだそうです。たとえば、よい匂いのする畑は「豊穣《ほうじょう》」であり、悪い匂いのする畑は「不毛」であるといった具合です。

このようにして、畑作を立派に仕上げた人は、村人全員からその「人格の高まり」について、高く評価されることになります。

つまり、労働の結果である畑や作物の出来ばえを通じて、その人間の人格の高さが判断されるのです。畑仕事を立派に行なった人、すなわち「いい仕事」をした人は、人格的にも「高い人」であり、まさに「人格者」であるという評価を受けることになります。

彼らにとって、働くことは生活の糧を得る手段であると同時に、心を磨き、人間性を高める手段でもあるのです。「いい仕事は、いい人間によってなされる」という、シンプルですが大切な労働観が、厳然《げんぜん》と原始社会から生きているというわけです。

こういう話を聞くと、懸命に働かなければ生きていけない原始社会のほうが、労働の本来の意義を正しく理解しているように思えます。

仕事の出来ばえを通じて、人格の高さがうかがえる

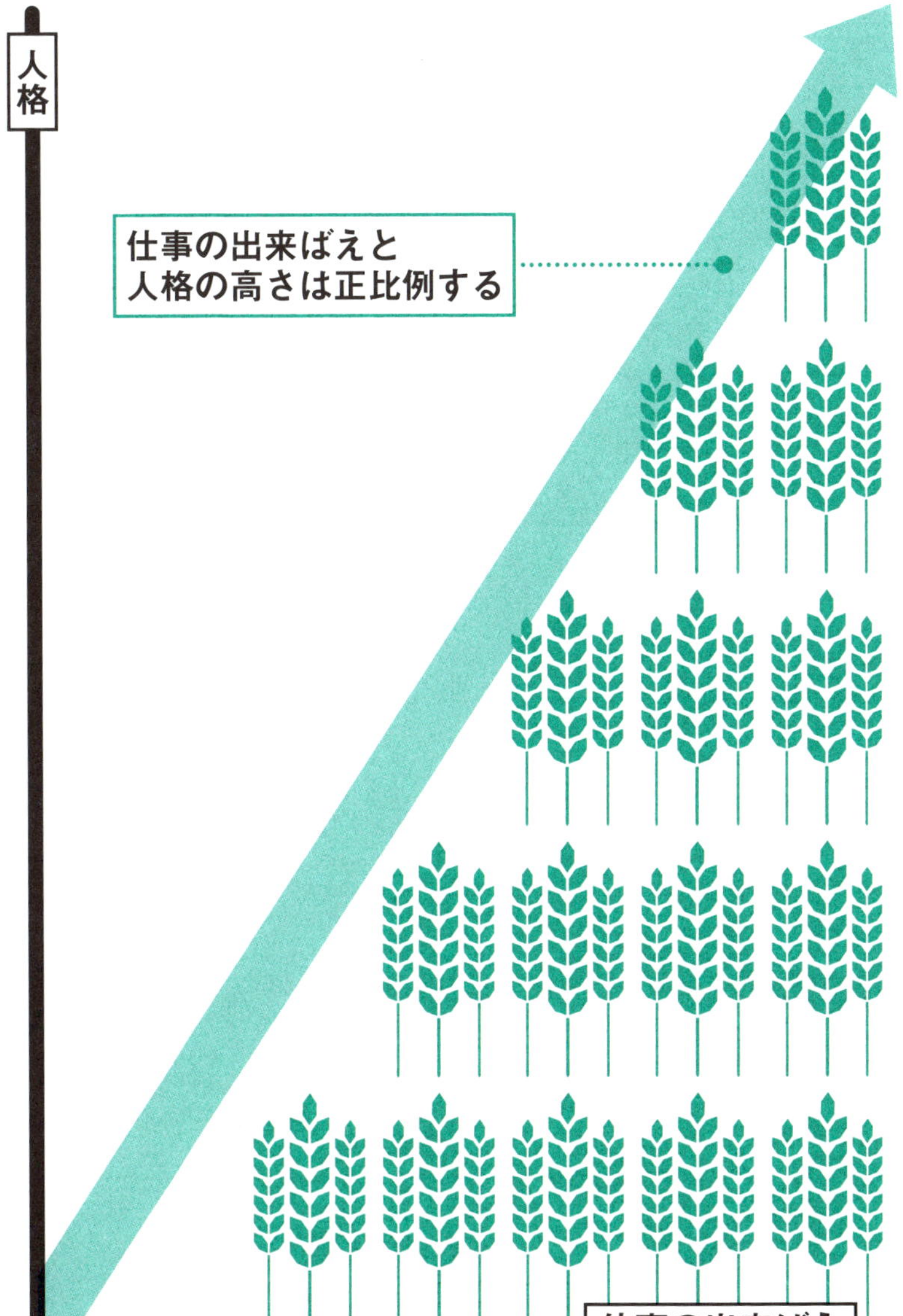

一方、人類に近代文明をもたらした西洋の社会には、キリスト教の思想に端を発した、「労働は苦役である」という考え方が基本にあります。聖書の冒頭にあるアダムとイブのエピソードを見ても、それは明らかです。

人類の始祖である彼らは、神から禁じられていた木の実を食べたため、楽園であるエデンの園から追放されてしまいます。楽園にいる間は働く必要はなかったわけですが、追放されたことで、食べ物にありつくためには苦しい思いをしながら働かなくてはならなくなったのです。

この有名な話には、人間はいわゆる「原罪」を償《つぐな》うために、労働という罰を与えられたとする、働くことに対する否定的なイメージや意識がつきまとっています。

つまり、欧米の人にとっては、働くことはもともと苦痛に満ちた、忌《い》むべき行為なのです。そこから「仕事はなるべく短い時間にすませ、なるべく多くの報酬を得たほうがいい」とする、近代の労働観が生まれてきたようにも思えます。

しかし、日本にはもともと、そのような労働観はありませんでした。

それどころか、働くことはたしかにつらいことも伴いますが、それ以上に、喜びや誇り、生きがいを与えてくれる、尊厳ある行為だと考えられてきたのです。

バブル期以後、日本人の労働観は大きく変わった

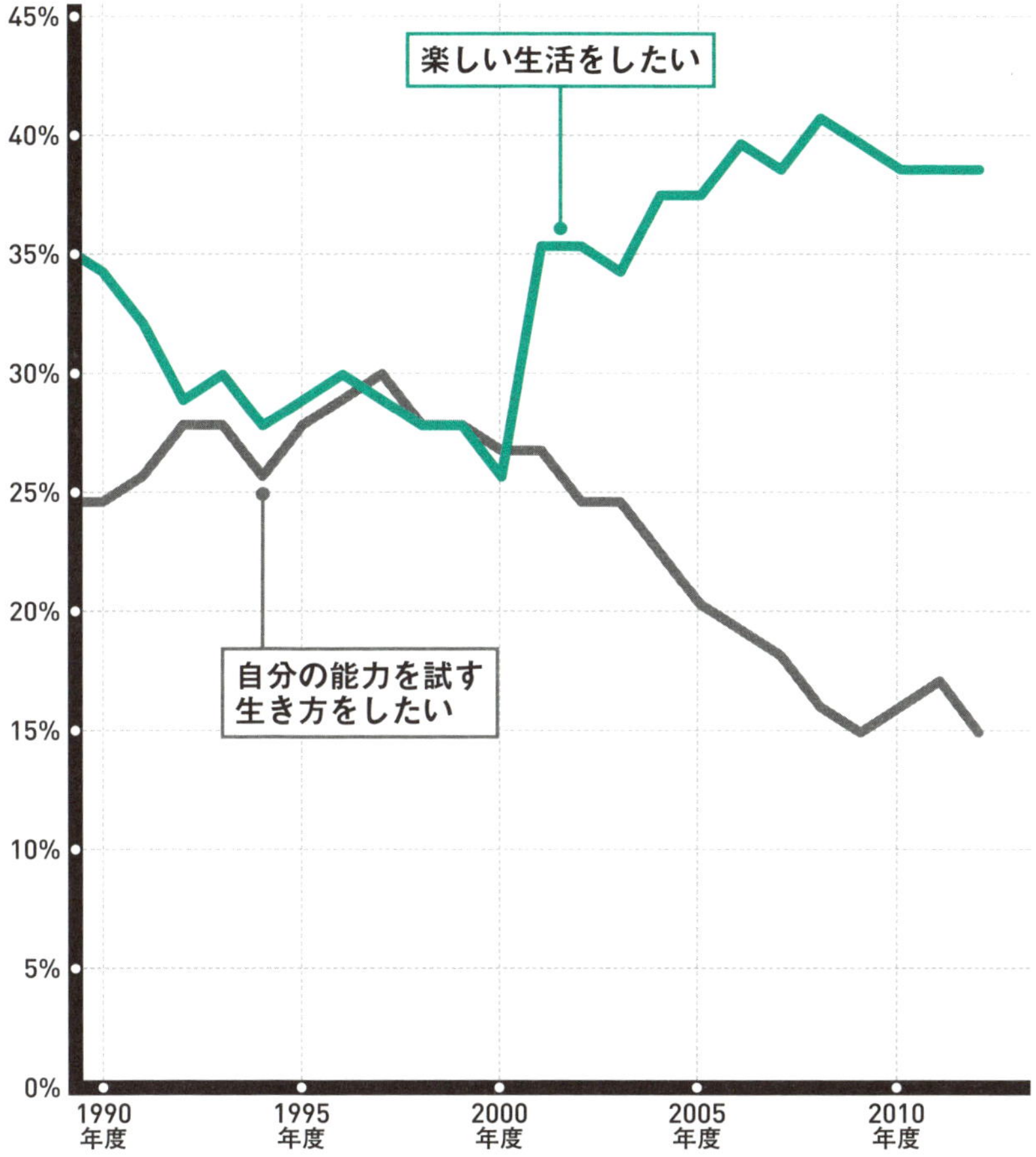

（公財）日本生産性本部「働くことの意識」調査（2012年）
新入社員の働く目的の推移

バブル期以後だけを見ても、働くことに関する若者の意識は大きく変わった。自分自身が「楽しく生活できるかどうか」を重視する傾向がより顕著になった

そのため、かつて日本人は、職業の別を問わず、朝から晩まで惜しみなく働き続けました。

たとえ日用品をつくる職人であろうとも、自分の技を磨き、素晴らしい日用品をつくることに、なんとも言えない誇らしい充実感のようなものを感じていたのです。

それは、働くことは、技を磨くのみならず、心を磨く修行でもあり、自己実現や人間形成に通じる「精進《しょうじん》」の場であるとする、深みのある労働観、人生観を、多くの日本人が持っていたからと言ってもいいでしょう。

しかし近年、社会の西洋化に伴い、日本人の労働観も大きく変貌を遂げてしまいました。

それが、この章の冒頭で述べた、生活の糧を得るために働くという、いわば「労働」を必要悪ととらえる考え方です。そのため、多くの日本人が、労働を単につらく苦しいだけのものとして、さらに忌み嫌うようになってしまったのです。

05
ど真剣に働く──「人生を好転させる」法

もちろん、かく言う私も、もともと働くことが好きだったわけではありません。ましてや働くことで遭遇する苦労などとんでもないと考えていました。

子どものころは、両親から「若《わ》き《け》の難儀は、買《こう》てでんせえ（若いときの苦労は買ってでもしなさい）」と鹿児島弁で諭されれば、「難儀など、売ってでんすな（苦労など、売ってでもするな）」と口答えするような、生意気な子どもでした。働くことの苦労を通じて、自分という人間を磨くといった修身（道徳）臭《くさ》い話は、今の多くの若い人たちと同様に、歯牙《しが》にもかけない少年であり、青年であったのです。

ところが、大学を卒業し就職した松風《しょうふう》工業という京都にあるオンボロ会社は、そんな若者の甘い考えを打ち砕いてしまったのです。

もともと松風工業は、日本を代表するガイシメーカーの一つとして立派な会社だったのですが、私が入社したころはその面影もなく、給料の遅配《ちはい》など日常茶飯で、いつ潰れてもおかしくない会社でした。

おまけに、オーナー一族の内輪もめや、労働争議が絶えず、会社近くの商店に買い物に行くと、「あんた、たいへんなところによく来たな。あんな会社におったら、嫁も来よらんで」と店主から同情される始末でした。

そのため、私たち同期入社の者は、入社したそばから、「こんな会社はイヤだ。もっといい会社があるはずだ」と、そんなことばかり考えるようになり、寄ると触ると愚痴をこぼし合っていました。

不況のさなか、恩師の紹介でやっと入れてもらった会社です。本来であれば、「ありがたい」と感謝し、会社の悪口などとても言えた義理ではないはずです。

それなのに、若く未熟な私は、紹介してくださった方への恩義を忘れ、また自分たちがまだなんの成果も上げていないにもかかわらず、不平不満だけは一人前以上に抱えていたわけです。

そして、入社して一年もたたないうちに、同期入社の者は次々に会社を辞めていきました。最後までオンボロ会社に残ることになってしまった私は、もう一人残った九州天草出身で京都大学出の俊才《しゅんさい》と相談して、自衛隊の幹部候補生学校の試験を受けることにしました。

結果は、二人とも合格。

ただ、入学するには戸籍抄本《しょうほん》が必要ということなので、鹿児島の実家に送付を頼んだところ、待てど暮らせど送ってきません。結局、その同僚だけが幹部候補生学校に入学していきました。

実家から戸籍抄本が送られてこないのには訳がありました。

後で知ったことですが、私の兄が、「苦労して大学まで進ませ、やっと先生の紹介で京都の会社に入れてもらったというのに、半年も辛抱し切れんとは情けないやつだ」と怒って、戸籍抄本を送ってくれなかったのです。

結果的に、私だけが、オンボロ会社に取り残されることになってしまったのです。

私は一人、思い悩みました。

会社を辞めて転職したからと言って、必ずしも新しい職場で成功するとは限りません。「会社を辞めて人生がうまくいった」という人もいるかもしれませんが、「会社を辞めたために、かえって悲惨な人生を送ることになった」という人もいるはずです。

また、「会社に残って一生懸命にがんばったことが功を奏し、人生がうまくいった」という人もいるかもしれませんが、「会社に残ってがんばったけど、人生は思い通りにはならなかった」という人もいるはずです。

会社を辞めるのが正しいのか、会社に残ることが正しいのか――私はたいへん悩んだあげく、一つの決断をしました。

それが、「人生の転機」を呼び込むことになったのです。

たった一人、オンボロ会社に取り残されるまで追い詰められて、目がやっと覚めたのです。「会社を辞めるには、何か大義名分のような確かな理由がなければダメだ。漠然とした不満から辞めたのでは、きっと人生はうまくいかなくなるだろう」ということに、私は思い至ったのです。

そしてそのとき、会社を辞める確固たる理由も見あたらなかった私は、まずは「働くこと」に打ち込んでみようと決意したのです。

愚痴を口にし、不満を抱くことをやめて、ともかく目の前にある自分の仕事に集中し、心底没頭してみようと、腹をくくり腰を据《す》えて、はじめて「働くこと」と真正面から本気で格闘してみることにしたのです。

「若《わけ》ときの難儀は、買《こう》てでんせえ」

仕事が
しんどい
残業が
多い
給料が
安い
むむむ……、
でもがんばるぞ！
上司が
怖い
結婚
できない
会社の
知名度が
低い

それからというもの、私はまさに「ど」がつくほど真剣に働き続けました。

その会社では、最先端のファインセラミックスの研究を担当していましたが、研究室に鍋釜を持ち込んで、寝泊りしながら、それこそ四六時中、研究に打ち込んだものです。

三度の食事もろくに摂らず、昼夜を分かたず実験に打ち込む。

その「ど真剣」な仕事ぶりは、端から見れば、壮絶なものだったようです。

もちろん、最先端の研究ですから、ただ単に馬車馬のように働けばいいわけではありません。

ファインセラミックスに関する最新の論文が掲載されているアメリカの専門誌を取り寄せ、辞書片手に読み進めていったり、図書館で借りた専門書をひもといたりするなど、仕事が終わった夜や休みの日も勉強を重ねていきました。

そうするうちに、不思議なことが起こり始めました。

大学で有機化学を専攻し、就職のため、無機化学をにわか勉強しただけの、弱冠二十歳代前半の若僧の研究なのに、次第に素晴らしい実験結果が出るようになってきたのです。

「ど真剣に働く」とはどういうことか

仕事が
おもしろくて
仕方がない
「働くこと」に
打ち込んで
みよう
勉強を
重ねていく
苦労を
苦労と
思わない

同時に、当初抱いていた、「会社を辞めたい」「自分の人生はどうなっていくのだろう」といった、悩みや迷いがウソのように消えていきました。

それどころか、「仕事がおもしろくて仕方がない」とまで感じられるようになってきたのです。そうすれば、苦労を苦労と思わず、ますます「ど真剣に」働くようになって、周囲からさらに高い評価をいただけるようになっていきました。

それまで苦難や挫折続きであった私の人生に、思いもかけず、好循環が生まれるようになったのです。

そして、私の人生において、最初の大きな「成功」が訪れたのです。

「ど真剣に働く」と、どういうことが起こるか

よし、次も
がんばろう！
ますます
「ど真剣に働く」
ようになる！
4 周囲から高い評価を
いただける
3 仕事がおもしろくて
仕方がない
2 悩みや迷いが
消えていく
1 素晴らしい
仕事の成果

06 神様が知恵を授けてくれる瞬間

入社して一年ほどたった、二十四歳のときでした。

私は当時、フォルステライトと呼ばれる、新しい材料の研究開発にあたっていました。フォルステライトとは、絶縁《ぜつえん》抵抗が高く、とくに高周波域での特性に優れているファインセラミックス材料のことです。そのころ主流であったステアタイトに比べて、当時爆発的に普及し始めた、テレビのブラウン管に使う絶縁材料としては、より適していると言われていました。

しかし、合成に成功した例がなく、私にとっても会社にとっても、このフォルステライトの研究開発は、まさにチャレンジングなテーマでした。

そのため、大した設備もない中、連日連夜、それこそ徹夜続きで開発実験を続けても、なかなか思うような結果が出ません。私はもがき苦しみながら、自分をギリギリのところまで追い込み、昼夜を問わず実験を続けていました。そして、どうにか合成を成功させることができたのです。

後にわかったことですが、当時、このフォルステライトの合成に成功したのは、私以外には、アメリカのGE（ゼネラル・エレクトリック）だけでした。

それだけに、私の開発したフォルステライトは大いに注目を集めました。

この高周波特性に優れたフォルステライトを材料として、最初に製品開発に取り組んだのが、松下電器産業（現パナソニック）グループの中でブラウン管の製造などを担当していた松下電子工業（当時）から受注した、「U字ケルシマ」という絶縁部品でした。

ちょうどそのころは、日本の家庭にブラウン管式のテレビが普及し始めた時期で、その電子銃の絶縁部品であるU字ケルシマの材料として、私が開発したフォルステライトが打ってつけだったのです。

このU字ケルシマの開発で一番苦労したのは、原料であるフォルステライト粉末の成形でした。さらさらの粉末では、形をつくることはできません。うどんやそばをつくるのと同じように、粘りけのある「つなぎ」が必要になるのです。

従来は、粘土をつなぎとして使っていましたが、それではどうしても不純物が混ざってしまいます。来る日も来る日も、私はこの「つなぎの問題」をどうクリアするか、考えあぐねていました。

そんなある日、思いもかけないことが起きたのです。

その日、私は懸案の「つなぎの問題」を考えながら、実験室を歩いていたところ、何かに蹴躓《けつまず》いて転びそうになりました。思わず足元を見ると、実験で使うパラフィンワックスが靴にべっとりとついているのです。

「誰だ！　こんなところにワックスを置いたのは！」と叫びそうになった、まさにその瞬間です。

「これだ！」

私はひらめきました。

早速、手製の鍋にファインセラミックス原料と、そのパラフィンワックスを入れて、熱を加えながらかき混ぜて原料をつくり、型に入れて成形してみたところ、見事に形をつくることに成功しました。さらには、それを高温の炉に入れて焼くと、つなぎのパラフィンワックスはすべて燃え尽きてしまうので、完成品のU字ケルシマには不純

暮らしの中で使われている「ファインセラミックス」

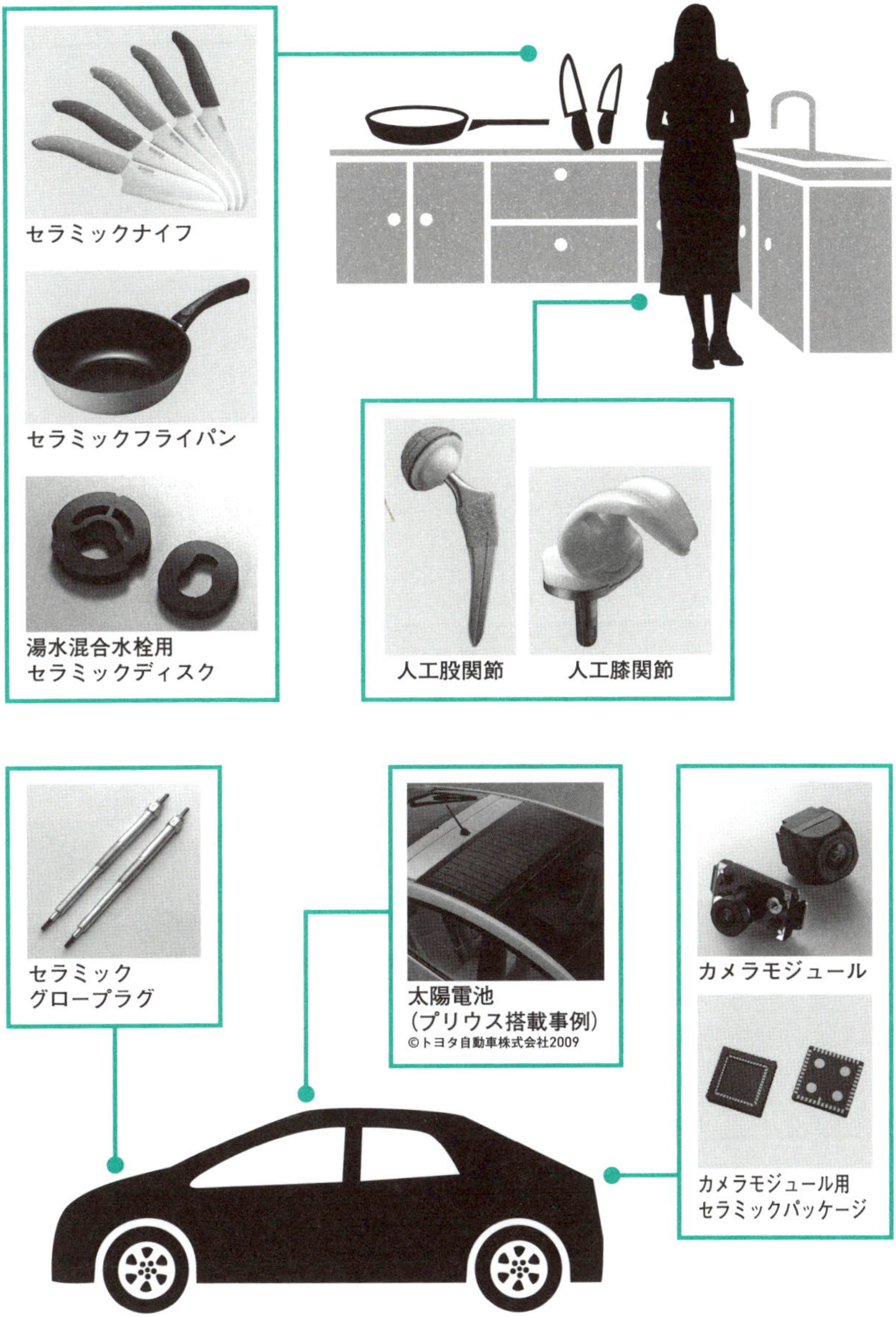

物がまったく残っていません。

あれだけ悩み抜いた懸案が、一気に解決していったのです。

今思い返してみても「神の啓示」としかたとえようのない瞬間でした。

もちろん、実際に解決策がひらめいたのは私自身です。

しかし、それは一生懸命に仕事に打ち込み、苦しみ抜いている私の姿を見た神様が憐《あわ》れみ、知恵を授けてくれた、そう表現するしかできないように思うのです。

私は、そんな経験をいく度も積んできたために、その後、ことあるごとに社員をつかまえては、「神様が手を差し伸べたくなるほどに、一途《いちず》に仕事に打ち込め。そうすれば、どんな困難な局面でも、きっと神の助けがあり、成功することができる」と、よく話したものです。

私が開発したU字ケルシマはその後、テレビのブラウン管の製造に欠かせない部品として、松下電子工業から大量の発注を受け、傾きかけた会社を救う起死回生の商品として、全社の期待を一身に集めることになりました。

このときの技術、実績が、その後の京セラ発展の礎《いしずえ》となったと言っても過言ではありません。また、この「最初の成功体験」によって、私は苦難の中にあっても、懸命

一途に仕事に打ち込めば、神の啓示がある

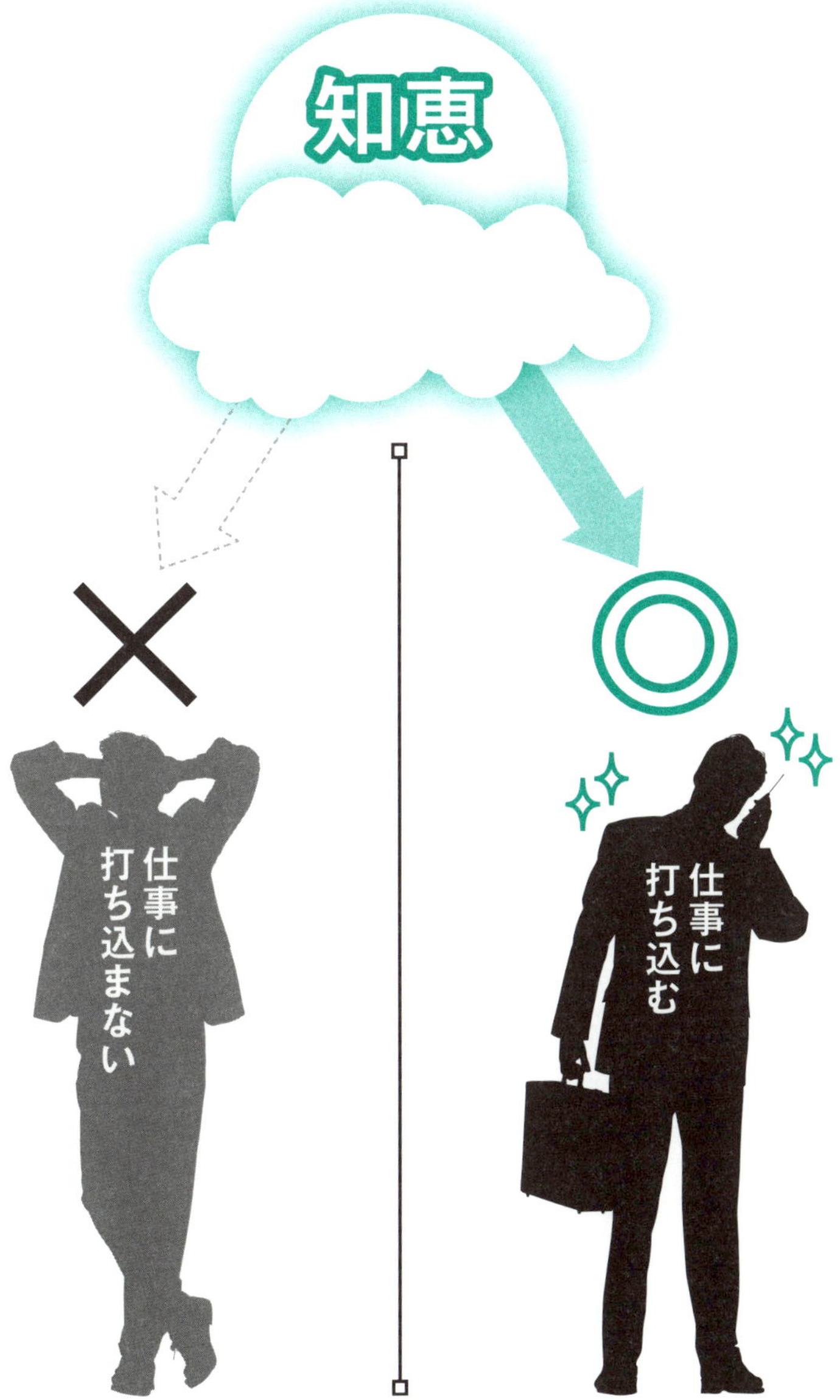

に働くことが、素晴らしい運命をもたらすということを、幸いなことに実感することができました。

「あいつは、かわいそうだ」――。

人間というのは、周囲からこう言われるくらい不幸な境遇に、一度は置かれたほうがいいのかもしれません。

ちょうど冬の寒さが厳しければ厳しいほど、桜が美しい花を咲かせるのと同じように、悩みや苦しみを体験しなければ、人は大きく伸びないし、本当の幸福をつかむことができないのでしょう。

私の場合も、人生において経験してきた、数え切れないくらいたくさんの苦労や挫折は、ちょうどオセロの石が一気に黒から白に返るかのように、後にすべて成功の土台となってくれました。今、振り返ると、過去に苦しいと思えたことが、後になっていい結果を招いていることに気づかされるのです。

そう考えれば、人生における苦難や挫折、それこそが私の人生の起点であり、最大の「幸運」であったのかもしれません。

たとえば、私が赤字続きの松風工業に入社し、同期の中でただ一人取り残されたと

厳しさを乗り越えてこそ美しい花を咲かせる

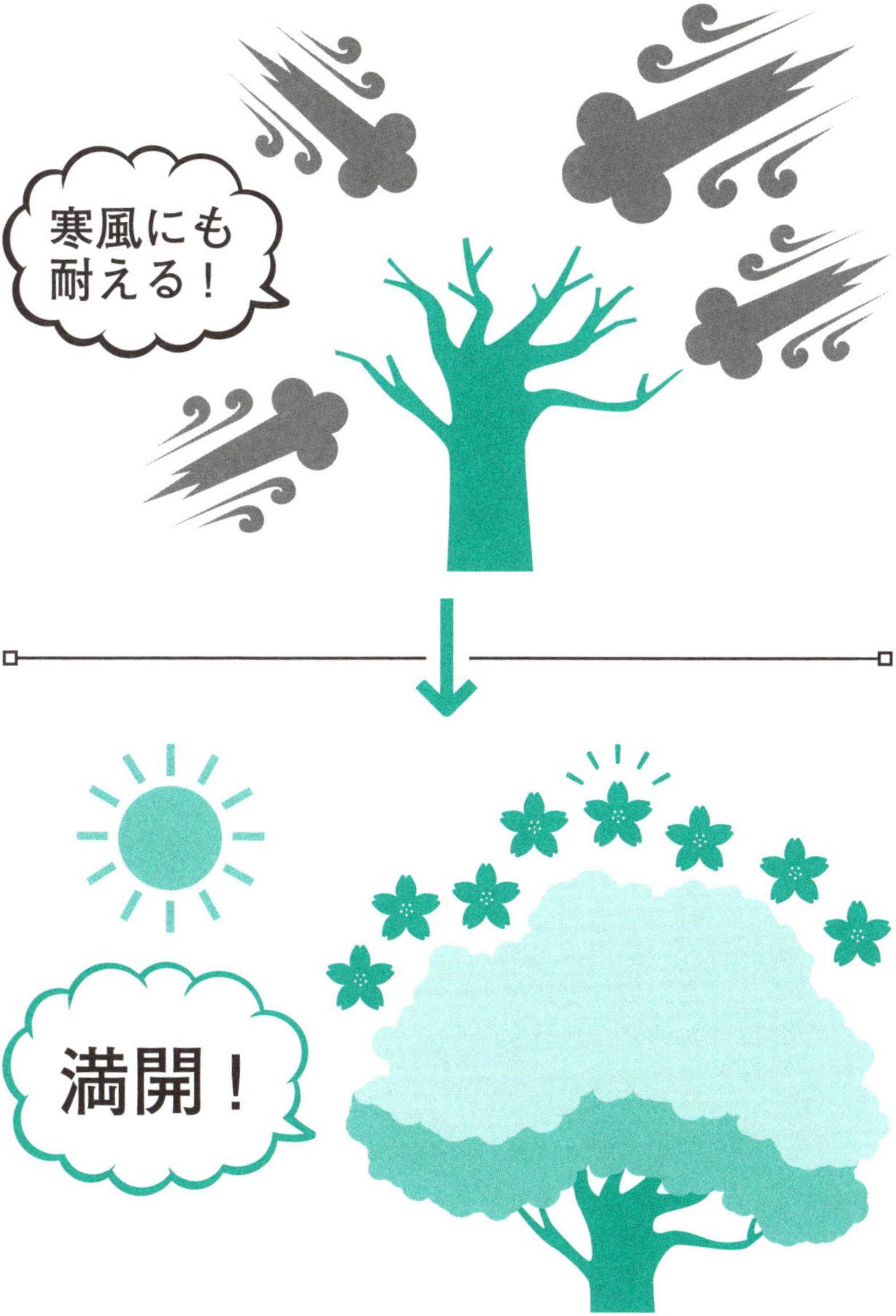

き、「稲盛君はかわいそうだ。大学の成績もよかったし、よく勉強もしていたのに、あんなボロ会社でくすぶっている。運のない男だ。この先、彼の人生はどうなっていくのだろう」――友人たちは、そんな同情とも揶揄《やゆ》ともつかない言葉で、私のことを評していました。

私自身、同僚たちが自分の才覚で進路を開いていったのに比べて、自分だけが行くあてもなく、たった一人でさえない会社にくすぶり続ける他はない――この絶望感に心を押し潰されていました。

しかし、今にして思えば、この不運、試練こそが、私に仕事に打ち込むことを教え、そのことを通じ、人生を好転させてくれたという意味では、神様が与えてくれた最高の贈り物だったのです。逆境にあっても、愚直に懸命に働き続けたことが、今の私のすべてをつくる基礎となってくれたのです。

もし、苦難や挫折を知らず、有名校に入学し、大企業に就職していたら、私の人生はまったく異なったものになっていたでしょう。

順境なら「よし」。逆境なら「なおよし」――。自分の環境、境遇を前向きにとらえ、いかなるときでも、努力を重ね、懸命に働き続けることが大切なのです。

07 一見不幸なように見えて、じつは幸せなこと

懸命に働くことが、想像もできないほど、素晴らしい未来を人生にもたらしてくれるということを頭でいくら理解しても、もともと人間は、働くことが嫌いです。「仕事は嫌いだ」「できれば働きたくない」という気持ちが、どうしても頭をもたげてきます。

それは、元来人間が放っておけば易《やす》きに流れ、できることなら苦労など避けてでも通り過ぎてしまいたいと考えてしまう生き物だからです。そのような本能に根ざした、安楽を求める習性のようなものは、戦前戦中時代に育った私などにとっても、また現代という豊かで平和な時代を謳歌する若者にとっても、基本的に変わりはないように思います。今と昔が大きく異なるのは、かつて私たちの時代には、イヤイヤながらでも働かざるを得ないような状況があったということかもしれません。

私が青年時代を過ごしたころの日本は、今よりもはるかに厳しい社会環境にあって、好むと好まざるとにかかわらず、一生懸命に働かなくては、とても食べていくことさえできませんでした。また、今のように、自分の好きな仕事、自分の適性に合った職場を求めるなどということも難しいことでした。

職のえり好みなどせず、無条件に親の仕事を継ぐか、働けるところがあれば、どんな仕事であれ従事するのが当たり前でした。さらに一度就職した会社を簡単に辞めるようなことも、社会通念上からはけっしてよしとされていませんでした。

つまり、働くこと、働き続けるということは、本人の意思とは無関係に存在する、一種の社会的要請、あるいは義務であり、そこに個人の裁量や思惑《おもわく》が働く余地は、ほとんど存在しなかったのです。

そのようなことは、今の時代と比較して、一見不幸なように見えて、じつは幸せなことだったのかもしれません。なぜなら、いやおうなく働き続けることで、誰もが知らず知らずのうちに、人生から「万病に効く薬」を得ていたからです。

すなわち、イヤイヤながらでも必死に働くことを通じて、弱い心を鍛え、人間性を高め、幸福な人生を生きるきっかけをつかむことができていたのです。

働き続けることで「万病に効く薬」を得る

08

まず働くことが大切

現在は、平和で豊かな時代となり、仕事を強要されることがなくなってしまいました。そのような現代において、懸命に働くことをせず、怠惰《たいだ》に生きることが、人生に何をもたらすのかということを、改めて真剣に考えるべきです。

たとえば、あなたが宝くじに当たって、一生、遊んで暮らせるだけの大金が手に入ったとしましょう。

しかし、その幸運が本当の幸福をもたらしてくれるものではないことに、必ず気づくはずです。

目標もなく、働くこともせず毎日遊んで暮らせる。そのような自堕落《じだらく》な生活を長年続ければ、人間として成長することもできないどころか、きっと人間としての性根《しょうね》を腐らせてしまうことでしょう。

そうすれば、家族や友人などとの人間関係にも悪い影響を与えることでしょうし、人生で生きがいややりがいを見つけることも難しくなると思います。

安楽が心地よいのは、その前提として、労働があるからに他なりません。毎日、一生懸命に働き、その努力が報われるからこそ、人生の時間がより楽しく貴重に感じられるのです。

懸命に働いていると、その先に密《ひそ》やかな喜びや楽しみが潜んでいる。ちょうど長い夜が終わり、夜明けのときが訪れるように、喜びや幸福が苦労の向こうから姿を現してくる、それが労働を通じた人生の姿というものなのです。

今から四十年近く前、京セラがはじめて、株式上場を果たしたときのことです。それまでの懸命な努力が社会から認められたこと、また徒手空拳《としゅくうけん》で創業した会社が、一流企業の仲間入りができたことで、私はまさに感無量の思いに浸っていました。

すると、「資産もできたことでしょうから、ここらで一息入れて、これからは趣味や余暇にも楽しみを見つけられたらどうですか?」と、遊んで暮らす気楽な人生をすすめてくれる人がいました。

たしかに、最近のベンチャー企業の経営者の中には、才覚を活かし事業を伸ばして、早期に株式上場を果たし、自分の持株を市場に売り出して、巨万の富を手にする人がいます。そして、三十歳代や四十歳代にもかかわらず、仕事からリタイアをすることを考えるのです。

私は京セラを上場したとき、自分の持株を一株も売却することなく、新規に株式を発行して、その売却益はすべて会社に入るようにしました。また、当時私は三十歳代後半を迎えていましたが、上場を機に「これまで以上にひたむきに働こう」と思ったものです。

なぜなら、上場したからには、それまでのように社員やその家族のことばかりではなく、一般の投資家の方々の幸せまでも考えなければならなくなるからです。

「一息入れる」どころか、責任がより大きく、より重くなったわけです。

つまり、上場はゴールではなく、あくまでも新たなスタート地点であり、企業はその後もさらに発展していかなければなりません。

だからこそ、私は上場のとき、「創業のときの初心に返って、さらに社員と一緒に汗みどろ、粉まみれになって、がんばろう！」――そのように社員に説き、また自分自身、決意を新たにしたことを今もよく覚えています。

幸福は苦労の向こうから姿を現す

09 「愚直に、真面目に、地道に、誠実に」働け

人が易きにつき、おごり高ぶるようになってしまいがちなのは、人間が煩悩《ぼんのう》に満ちた生き物であるからです。そのような人間が、心を高めていこうとするときに大切なのが、悪《あ》しき心を抑えることです。

人間の煩悩は、百八つもあると言われています。

中でも「欲望」「怒り」「愚痴」の三つは、卑しい心、つまり人間を苦しめる煩悩の最たるもので、心にからみついて離れず、取り払おうとしてもなかなか拭《ぬぐ》い去ることはできません。

お釈迦様は、この三つを「三毒《さんどく》」と呼ばれ、人間を誤った行動に導く諸悪の根源だとされています。

「人よりも多くの金銭を手にしたい」「人よりも高く評価されたい」――このような

「欲望」は誰の心にも潜んでいて、それがかなわないとなると、人は「怒り」を覚え、「なぜ思った通りにならないのか」と「愚痴」や「不平不満」をこぼすようになる。

人間とは、つねにこの三毒に振り回されて生きている、因果な生き物なのです。

生きていくうえで、この三毒をまったくゼロにすることは不可能なことです。

なぜなら、三毒は、肉体を持った人間が生きていくためにはどうしても必要な心だからです。人間が生物として生きていくうえで必要だからと、自然が本能として与えてくれたものなのです。

たとえば、自分という存在を守り、維持していくためには、食欲をはじめとする「欲望」や、自分を攻撃する者への「怒り」、さらには自分が思うような状態でないことに対する「不満」などを払拭《ふっしょく》することはできません。

しかし、それが過剰になってはいけないのです。

だからこそ、三毒を完全に除去できないまでも、まずはその毒素を薄めるように努めていかなければならないのです。

そのための唯一無二の方法と言っていいのが、一生懸命に「働くこと」なのです。

自分に与えられた仕事に、愚直に、真面目に、地道に、誠実に取り組み続けることで、自然と欲望を抑えることができます。

夢中になって仕事に打ち込むことにより、怒りを鎮《しず》め、愚痴を慎むこともできるのです。また、そのように日々努めていくことで、自分の人間性も少しずつ向上させていくことができるのです。

その意味では、「働くこと」は、修行に似ています。実際に、お釈迦様が悟りに至る修行として定めた「六波羅蜜《ろくはらみつ》」という六つの修行がありますが、その一つである「精進《しょうじん》」とは、まさに懸命に働くことなのです。

ひたむきに自分の仕事に打ち込み、精魂込めて、倦《う》まずたゆまず努力を重ねていくこと。それがそのまま人格練磨のための「修行」となって、私たちの心を磨き、人間を成長させてくれるのです。

そして、そのように「心を高める」ことを通じてこそ、私たちはそれぞれの人生を深く値打ちあるものにすることができるのです。

人間を苦しめる「三毒」とは?

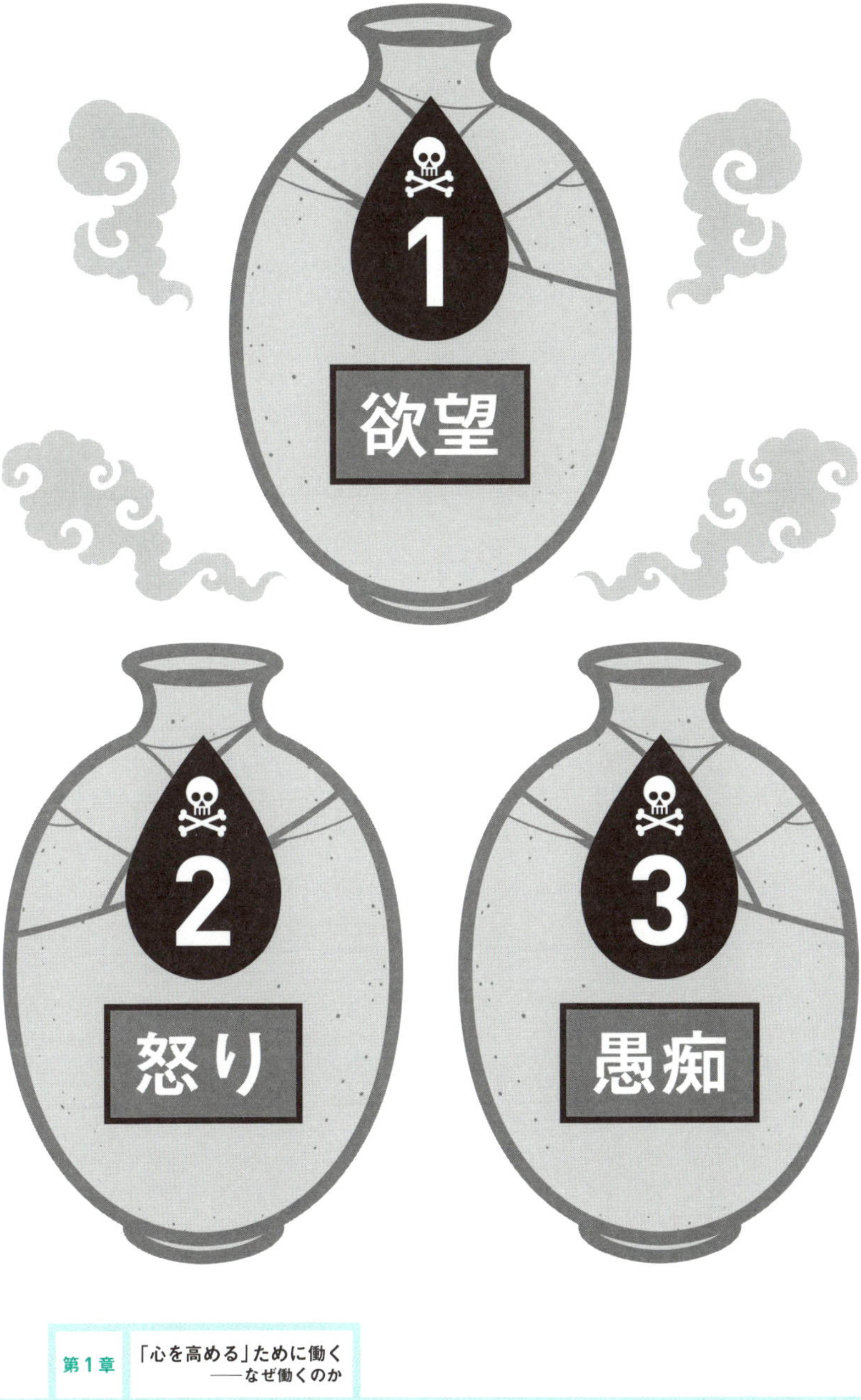

10

反省ある毎日を送る

人生では、心を高めていこうとしても、言うは易《やす》く行なうは難《かた》しで、実践することはけっして簡単ではありません。

悲しいかな、人間とはいくら善いことを思い、善いことを行なおうと思っても、ついつい至らぬことをしてしまうものです。よほどの聖人君子《せいじんくんし》でなければ、善い考え、善い行ないを貫けるものではありません。

それは、かく言う私も同様です。ともすれば悪い心にとらわれがちな自分を戒めるために、私はいつのころからか、一つの自戒《じかい》の儀式を自分に課しています。

おごり高ぶり、慢心、そういう悪い思いが、自分の中で頭をもたげてきたときには、すぐに反省の機会を持つように、若いころから努めているのです。

たとえば、少しいばったようなことや、調子のいいことを言ってしまったとき、ま

反省することでこそ、人は向上することができる

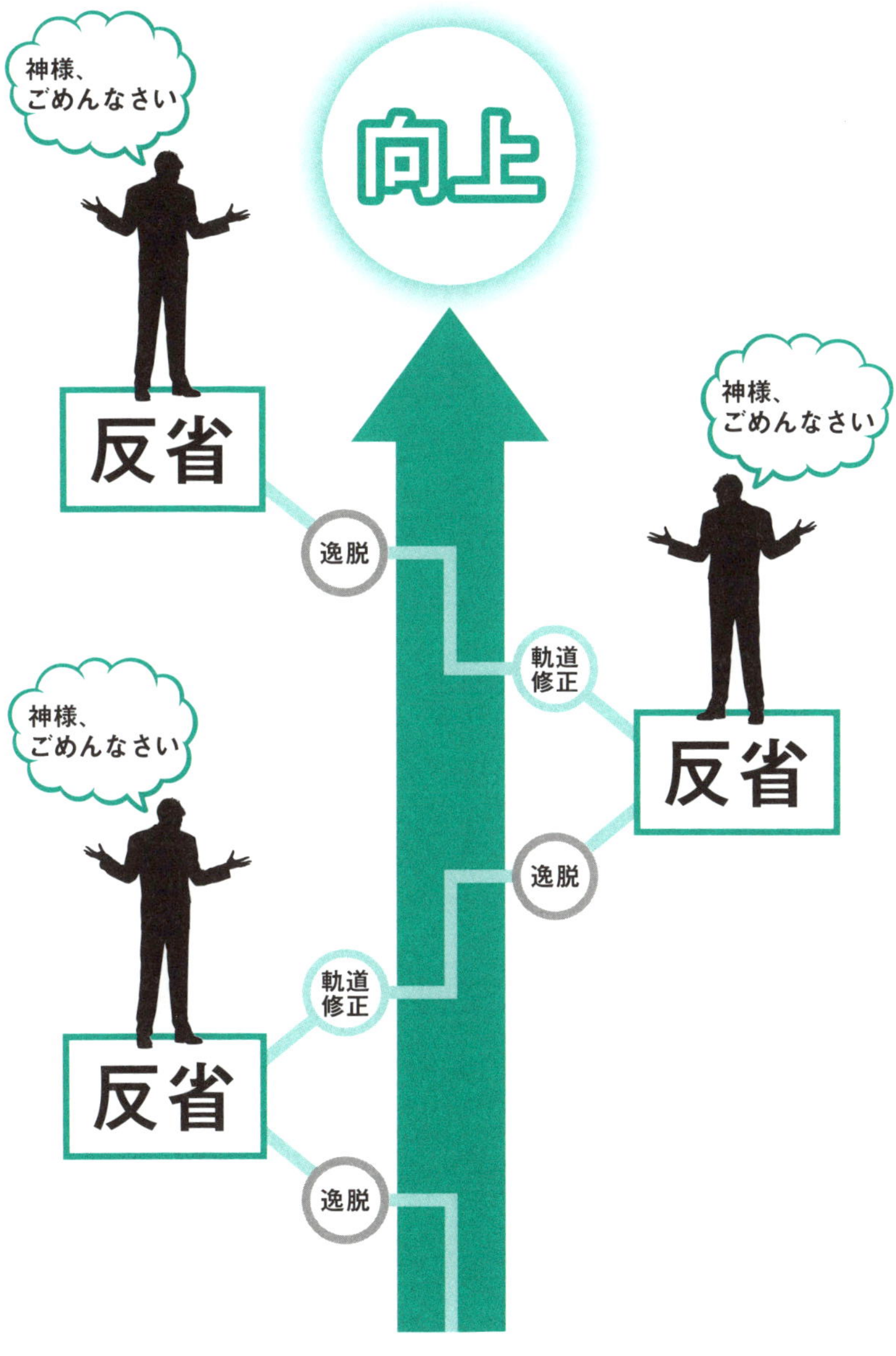

た自分の努力が足らなかったときなどには、夜遅くホテルや家に帰ってから、あるいは翌朝目覚めてから、洗面所の鏡に向かい、

「バカモンが」

と、自分を厳しく叱りつけるのです。すると続いて、

「神様、ごめんなさい」

という反省の言葉が口をついて出てきてしまうのです。

こうやって自省自戒をして、明日からはまた謙虚な姿勢で、やり直そうと心に言い聞かせる。そういう習慣がいつのまにか身についてしまっているのです。この習慣が、軌道修正の役割を果たし、私の人生は今まで、大きく逸脱することはなかったのです。

大事なことは、善きことを思い、善きことをしようと努めながらも、もし悪いことを思い、悪いことをしてしまったなら、謙虚に反省をすることです。

反省することでこそ、人は少しずつでも向上することができるのです。

今日、自分がやったことを素直に反省し、明日からやり直そうと心に誓う。

そんな反省のある毎日を送ってこそ、私たちは仕事において失敗を回避できるだけでなく、人生において心を高めていくことができるのです。

第2章

「仕事を好きになる」ように働く

――いかに仕事に取り組むか

11

「心の持ち方」を変える

私ももともとは、どこにでもいるような、一生懸命に根《こん》を詰めて努力することは苦手な、むらっ気のある青年だったように思います。

そのような青年が、五十年という長い時間、ひたむきに働いてこられたのは、どうしてなのでしょうか。

それは、私が自分から仕事を好きになろうと努めたからです。

「心の持ち方」を変えるだけで、自分を取り巻く世界は劇的に変わるのです。

先にもお話ししたように、私はファインセラミックスの研究という仕事を、最初から望んでいたわけではありません。大学では当時花形の有機化学を専攻していたのに、就職活動がうまくいかず、ガイシをつくっていた、松風工業という無機化学系のメーカーにしか就職できなかったので、やむなくファインセラミックスの研究に携わったようなものです。

入社した当初、私が配属されたのは総勢五〜六人しかいない研究室で、私以外の研究部員は、会社の中核事業であった、ガイシの材料である磁器の改良改善に携わっていました。

新人の私だけが「将来、エレクトロニクス分野向けの高周波絶縁材料が必要になるはずだ」ということから、新しいセラミックス材料（後にファインセラミックスと私が命名する）の研究に従事することになったのです。

この分野は当時、まだ未知の分野であったことから、確立された文献もなく、また貧乏な会社でもあったために、研究設備も十分に整っていませんでした。さらに指導してくれる上司や先輩がいるわけでもなく、そのような環境で「仕事を好きになれ」というほうが無理なことでした。

しかし、転職することもかなわず、そんな会社で働かざるを得なくなった私は、「心の持ち方」を変えることにしました。「この仕事に打ち込もう」と自分に言い聞かせるように努めたのです。

すぐに仕事が好きにならずとも、少なくとも「この仕事が嫌いだ」というネガティブな感情だけは自分の心から追い払って、目の前の仕事に全力を注いでみることを決意したのです。

これは、今思えば、「仕事を好きになろう」と努めることであったのかもしれません。

しかし、当時の私は、そんなことを知るよしもありません。

ファインセラミックスに関する基礎知識をほとんど持ち合わせていない私は、まず大学の図書館に出かけて、関連の文献をあさることから始めました。

コピー機などない時代だったので、業界誌や大学の紀要《きよう》などのバックナンバーをひもといて、重要な箇所を見つけては、せっせとノートに書き写していきました。また、乏しいふところをはたいて研究書を購入したり、アメリカのセラミックス協会の論文を取り寄せ、辞書と首《くび》っ引《ぴ》きで訳したりしながら、ともかくファインセラミックスの基礎知識を得るところから仕事をスタートさせていったのです。

そこで得た情報をもとに実験を行ない、その実験結果に、さらに新しい知見《ちけん》をつけ加えて、再度実験を行なう――当時の私の仕事は、そのような地道な作業の繰り返しでした。

そうするうちに、いつのまにか私はすっかりファインセラミックスの魅力に取りつ

「心の持ち方」を変える法

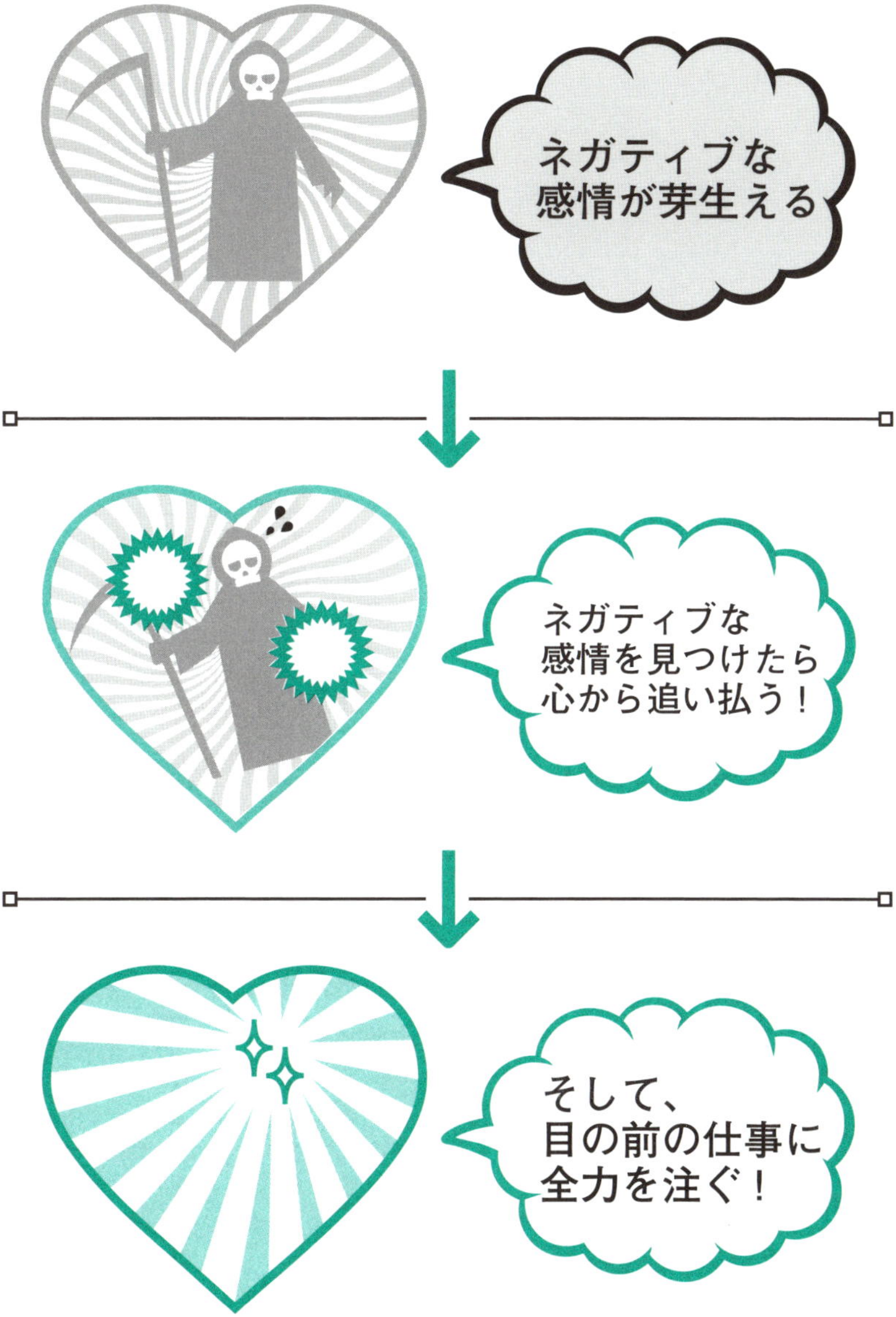

かれていきました。また、ファインセラミックスという素材が素晴らしい可能性を秘めていることも次第にわかってきました。

「このような研究をしているのは、大学にもいないだろう。世界で私一人かもしれない」――そう思うと、地味な研究も輝いて見えるようになっていきました。

なかば無理に自分に強いて始めたものが、やがて自分から積極的に取り組むほど好きになり、さらには好きとか嫌いとかという次元をはるかに超えて、意義さえ感じるようになっていったのです。

「天職」とは出会うものではなく、自らつくり出すものなのです。

天職とは“自らつくり出す”もの

自分に強いて
始めたものが――

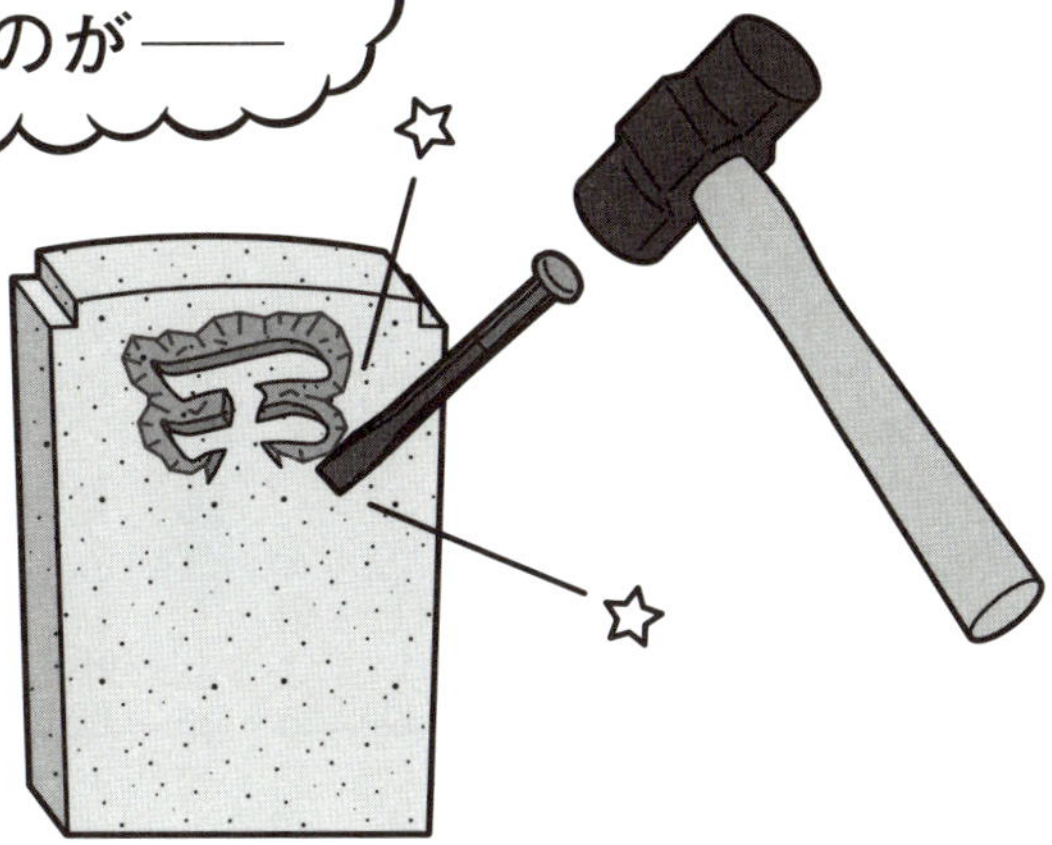

やがて、自分から積極的に
取り組むほど好きになる

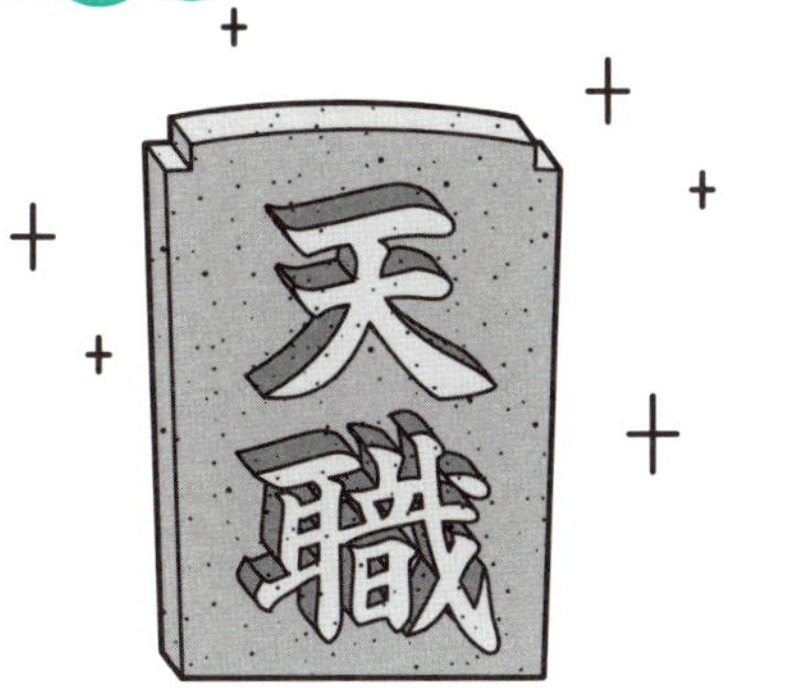

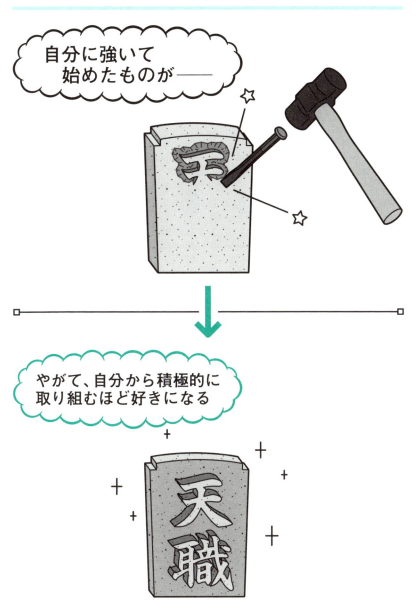

12
仕事に「恋をする」

恋をしている人は、他人が唖然《あぜん》とするようなことを、平然とやってのけるものです。

このことは、一度でも恋をしたことのある人であれば、わかるはずです。働きづめだった若いころの私も、そのような感情と無縁だったわけではありません。

京セラを創業する前、忙しい研究の合間のたまの日曜日――。ときに、親しい女性を誘って映画を見に行くことがありました。その帰り道、彼女を家まで送っていくとき、電車にそのまま乗っていけば簡単に帰れるのに、わざわざ一駅手前で降りて、二人で話しながら、ゆっくりと遠い道のりを歩いて帰ったことが何度もあります。

毎日毎日、夜遅くまで仕事をしていましたから、身体は疲れていたはずです。それにもかかわらず、遠い道のりを歩くことが全然苦にならない。それどころか、たいへん楽しく、逆に元気が出たような気がしたものです。

「惚《ほ》れて通えば千里も一里」という言葉がありますが、そのとき私は、それはまさに真実だと思ったものです。

仕事も同様です。仕事に惚れて、好きにならなければなりません。

他人からは、「あんなにつらく、あんなに厳しい仕事は、たいへんだろう。とても続かない」と思われるような場合も、惚れた仕事なら、好きな仕事なら耐えられるはずです。

仕事に惚れる――。

仕事を好きになる――。

だからこそ、私は長い間、厳しい仕事を続けることができたのです。

人間は、好きな仕事ならば、どんな苦労も厭《いと》いません。そして、どんな苦労も厭わず、努力を続けることができれば、たいていのことは成功するはずです。つまり、自分の仕事を好きになるということ――この一事で人生は決まってしまうと言って過言ではありません。

充実した人生を送るには、「好きな仕事をするか」「仕事を好きになるか」のどちらかしかないのです。

しかし、好きな仕事を自分の仕事にできるという人は、「千に一人」も「万に一人」もいるものではありません。また、希望する会社に入社することができたとしても、希望する職場に配属され、希望する仕事に就ける人など、ほとんどいないはずです。大半の人は、人生の門出を「好きでもない仕事」に就くことから、スタートすることになるのではないでしょうか。

しかし問題は、多くの人が、その「好きでもない仕事」に不承不承《ふしょうぶしょう》、従事し続けていることです。与えられた仕事に不平不満を持ち続け、愚痴や文句ばかりを言っている。それでは、素晴らしい可能性を秘めた人生を、あたらムダにしているようなものです。

なんとしても、仕事を好きにならなければなりません。

「与えられた仕事」を、まるで自分の天職とさえ思えるような、そういう心境にしていくことが大切なのです。「仕事をやらされている」という意識を払拭《ふっしょく》できないうちは、働く「苦しみ」を逃れることはできません。

私は、若い人たちに強調したいのです。

仕事に惚れる

「自分の好きな仕事を求めるよりも、与えられた仕事を好きになることから始めよ」と。自分の好きな仕事を求めても、それは「青い鳥」を探しているようなものです。

そのような幻想を追うよりも、目の前の仕事を好きになることです。

好きになれば、どんな苦労も厭わず、努力を努力と思わず、仕事に打ち込めるようになる。仕事に打ち込めるようになれば、おのずと力がついていく。力がついていけば、必ず成果を生むことができる。成果が出れば、周囲から評価される。評価されれば、さらに仕事が好きになる。

こうして好循環が始まるのです。

まずは、自分の強い意志で仕事を好きになる。

他に方法はありません。

そうすることで、人生は実り豊かなものになっていくのです。

「仕事を好きになること」から始める

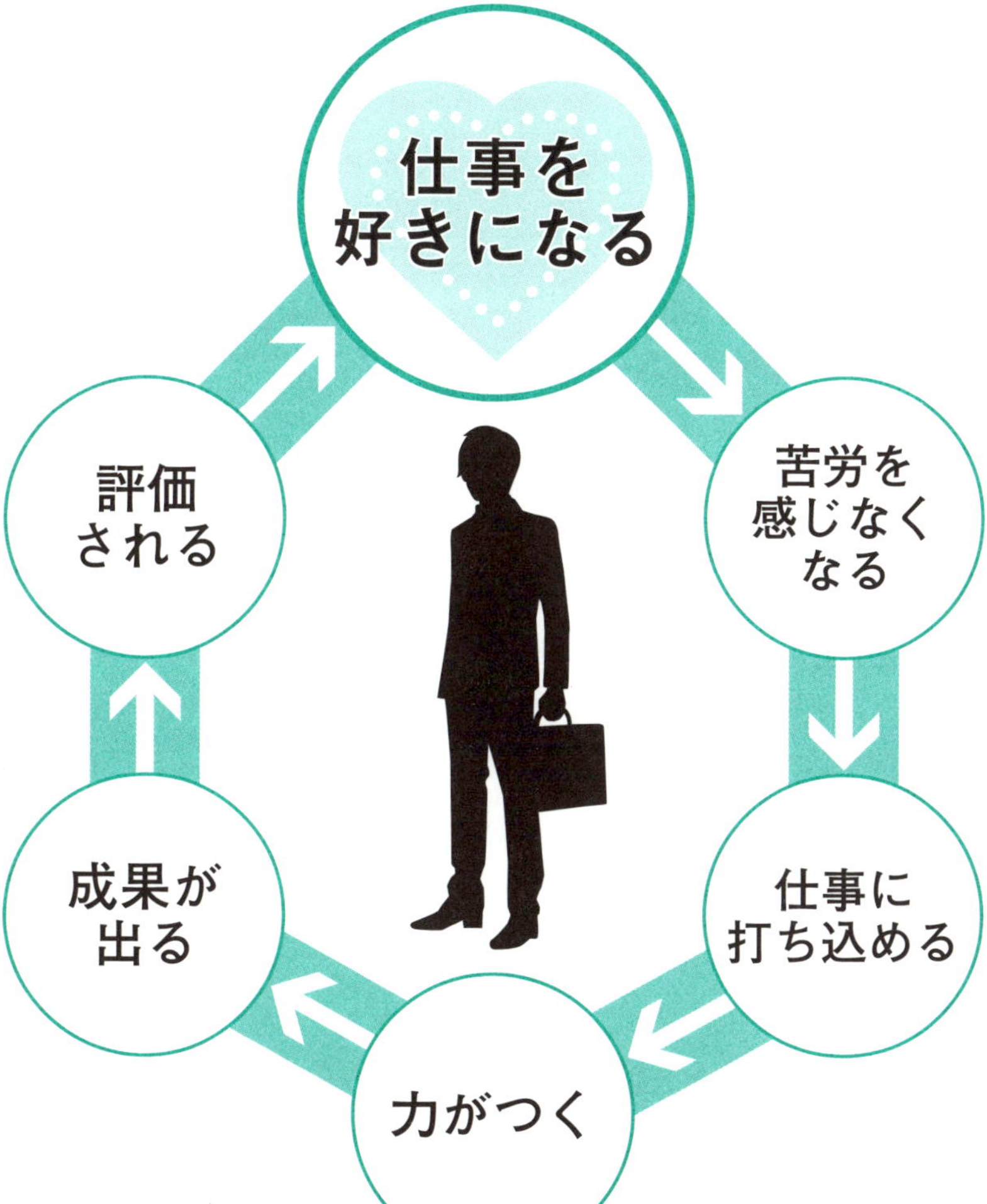

**「与えられた仕事」を自分の強い意志で
好きになると、好循環が生まれる**

13 感動が新たなエネルギーを与えてくれる

「仕事を好きになる」「仕事を楽しむ」とは言っても、あたかも修行僧が荒行《あらぎょう》をするかのような、苦しいことばかりでは長続きするはずがありません。

やはり、仕事の中に喜びを見出すことも必要です。

私の場合、研究がうまくいくと素直にそれを喜び、成果を人から褒められると率直に感激し、そのようなうれしさを糧として、さらに仕事に打ち込んでいきました。

思い出すのは、社会人となって二年目、一生懸命に実験のデータを測定していたときのことです。当時、私には、京都の進学校の高校を卒業して、家庭の事情からやむなく就職した研究助手がついていました。

なかなか頭のいい男でしたので、毎日、私は彼に実験データの測定をしてもらっていました。「この材料はこういう物性を出すだろう」と私が予測して実験し、彼にそのデータを測定してもらっていたわけです。

生来《せいらい》、私には単純なところがあります。

そのせいか、実験をして思った通りの測定データが出たりすると、うれしくてたまらず、ピョンピョンと飛び上がっては喜んでいたものでした。

すると、私の助手は、そんな私を冷ややかな目で横から見ているのです。

ある日のこと、頭から冷水《ひやみず》を浴びせかけられるようなことがありました。

例によって私が飛び上がって喜びながら、測定をしている彼に「おい、おまえも喜べ」と言ったところ、彼は私をジロッと見て次のように言ったのです。

「稲盛さん、失礼なことを申し上げますが、男が飛び上がって喜ぶようなことは一生のうちに何回もあるわけがありません。ところがあなたを見ていると、しょっちゅう飛び上がって喜んでいる。しかも、私にまで『喜べ』と言う。軽薄と言うか、軽率と言うか。私はそういう人生観を持ち合わせていないのです」

私はそのとき、背筋がゾッとしたのを覚えています。

たしかに理性的と言っていいのでしょうが、私にはどうしても納得がいかず、次の瞬間、次のように言い返していました。

「何を言うんだ。ささやかなことに喜びを感じ、感動できるということは素晴らしいことなんだ。地味な研究を続けていくためには、いい成果が上がったときに素直に喜ばなければならない。その喜び、感動が新たなエネルギーを与えてくれる。とりわけ、研究費も少なく、けっして恵まれていない環境で研究を続けなければならないわれわれは、そのようなささやかなことでも喜ぶことで、新たな勇気をかき立てることができる。だから、君にいくら軽薄、軽率と言われても、私は今後も、ささやかな成功を喜びながら、仕事に邁進《まいしん》していくつもりだ」

われながら「入社二年目にしては、なかなかいいことを言うものだ」と思ったものです。ただ、残念なことに、その言葉は私の助手には通じず、結局、彼はその二年後に、ひっそりと会社を辞めていきました。

彼が私の言うところを理解し、ともに働いてくれていたら、どうなっていたのかと思います。若い読者のみなさんにはぜひ、仕事の中に、ささやかなことに喜びを感じ、感動する心を持って、素直に生きていただきたいと思います。

その感動から湧き上がってくるエネルギーを糧に、さらに懸命に働く——それこそが長丁場の人生を強く生きていく、最良の方法だと、私は確信しています。

仕事の中に喜びを見出す

長丁場の人生を
強く生きていく
感動から
湧き上がってくる
エネルギーを
糧にする
ささやかな
ことに
喜びを感じる

14 「製品を抱いて寝たい」という思い

「自分の製品を抱きしめたい」――。

私は、製品開発にあたって、いつもそう思っていました。

自分の仕事、自分の製品に対し、それくらいの愛情を注がなければ、いい仕事などできないのではないでしょうか。

「仕事は仕事、自分は自分」と割り切って、距離を置いて働くことと向き合う。最近の若い人にはそうした傾向があるようです。しかし本来、いい仕事をするためには、仕事と自分の距離をなくして、「自分は仕事、仕事は自分」というくらいの不可分の状態を経験してみることが必要です。

すなわち、心と身体ごと、仕事の中に投げ入れてしまうほど、仕事を好きになってしまうのです。いわば仕事と「心中」するくらいの深い愛情を持って働いてみないと、

「自分は仕事、仕事は自分」と考える

仕事の真髄をつかむことはできません。

京セラが創業して間もないころ、放送機器用の真空管を冷却する水冷複巻蛇管《すいれいふくまきじゃかん》というものをつくったことがありました。従来、その蛇管を生産していた企業に技術者がいなくなってしまったため、京セラに注文があったのです。

ただ、それまで小さなファインセラミックス製品しかつくったことのない京セラにとって、蛇管は大きすぎる製品（直径二十五センチ、高さ五十センチ）であるうえに、オールドセラミックス、いわば陶磁器でした。また、大きな管の中を小さな冷却管が通るといった、複雑な構造も持っていました。

そのような製品の製造ノウハウはもちろん、生産設備もありません。

それなのに、お客様の熱意にほだされ、つい「できます」と言ってしまったのです。しかし、いったんお引き受けした以上、お客様にはけっしてウソをつくことはできません。

どうしてもやらなければならなくなってしまったのです。

この製品をつくるために、たいへんな苦労を経験しました。

たとえば、原料は一般の陶磁器と同じ粘土を使うのですが、何せサイズが大きいいた

愛情がなければ、いい仕事などできない

著者・稲盛和夫は、「なんとかこの製品を一人前に育てたい」と、まるで自分の子どもの成長を願うように、深い愛情を製品に抱いていた

水冷複巻蛇管《すいれいふくまきじゃかん》——著者が「抱いて寝た」製品。放送機器を冷却するために用いられる。二重らせん構造を取る（直径25cm、高さ50cm）。

めに、製品全体を均一に乾燥させることがきわめて難しいのです。最初のうちは、成形、乾燥というプロセスを経る段階で、必ずと言っていいほど乾燥ムラが生じ、先に乾燥した部分にクラック（ひび）が入ってしまいました。

乾燥時間が長すぎるのかもしれないと考え、短縮する工夫をしてみたのですが、やはりクラックを防ぐことができません。

あれこれ試行錯誤を重ねた末、まだ乾き切らない柔らかい状態の製品をウェス（ボロ切れ）で巻き、その上から霧を吹きかけてじわじわと全体を均一に乾燥させるという方法を編み出しました。

しかし、問題はまだありました。

やはり製品のサイズが大きいために、乾燥に時間をかけすぎると、今度は製品自体の重みで形が崩れてしまうのです。これもさまざまな方法を試しました。

その結果、私はこの蛇管を「抱いて寝る」ことにしたのです。

つまり、窯《かま》の近くで適当な温度の場所に私が横になり、そっと蛇管を胸に抱いて、夜中じゅう、それをゆっくりと回すことで形崩れを防ぎながら乾かす方法を取ったのです。

はた目には、さぞかし異様な光景だったことでしょう。

しかし、私は、「なんとかこの製品を一人前に育てたい」と、まるで自分の子どもの成長を願うように、深い愛情を製品に抱いていました。だからこそ、夜を徹して蛇管を抱いていることができたのです。

そのような涙ぐましい取り組みの結果、私はなんとか水冷複巻蛇管を無事完成させることができました。

製品を抱いて寝る――たしかに垢抜けないし、効率的とは言えないやり方です。

今という時代は、そうした泥臭さや非効率さを嫌いもします。

しかし、いくらクールな時代になり、自分の手を泥まみれ、油まみれにしながら働くということが流行らなくなったとしても、「自分のつくった製品を抱いて寝る」くらいの愛情を持って、自分の仕事と向き合わない限り、難しいテーマや新しいテーマに挑戦し、それをやり遂げていくという、仕事の醍醐味を心の底から味わうことはできないはずです。

15 「製品の泣き声」に耳を澄ませてみる

仕事が好きになれば、あるいは自分のつくっている「もの」を好きになることができれば、何か問題が発生したときでも、必ず解決方法が見えてくるものです。

たとえば、ものづくりでは、製品の歩留《ぶど》まり（全投入数に対して良品が取れる割合）がなかなか向上せず、壁にぶち当たるようなことが珍しくありません。

そのようなときは、製造現場へまずは足を運んでみる。そして、愛情を持って、謙虚な目で製品をじっと観察してみることが大切です。

すると、神の声にも似た「製品の泣き声」が必ず聞こえてきます。

つまり、製品の不良や機械の不具合が自然と見えてきて、製品のほうから、また機械のほうから、「こうしたらどうだ」と問題解決の糸口をささやきかけてくれるのです。

それはちょうど、患者の体調を知るために医師が聴診器で心拍音を聞くのに似てい

「製品の泣き声」に耳を傾ける

ます。優れた医師であれば、心拍音や心拍数の異変から、立ちどころに患者の身体の異常を感知します。

それと同様に、製品の声に耳を傾け、その細部に目を向けることで、不良の原因、ミスの要因がおのずとわかってくるものです。

京セラがつくっていた製品は、エレクトロニクス分野向けの小さいものが多く、不良品を見つけることは容易ではありませんでした。

当時、私は医師が聴診器を携えて診療室に入るように、いつも製造現場にルーペを持っていきました。そのルーペは、複数枚のレンズが組み合わされ、レンズを一枚出せば五倍、二枚出せば十倍の倍率に拡大されるというものでした。

私はいつも、そのルーペを通して、焼き上がった製品を一つひとつなめるようにていねいに、慎重に観察していきました。

小さな欠けが見つかれば、それだけで不良品です。またファインセラミックスは純白でなければならないのに、小さなゴマ粒のような黒点が表面にあれば、これも不良品です。

ルーペを片手にじっと観察していく。

それは、製品の〝泣き声〟に静かに耳を傾けていたのかもしれません。

もし不良品が見つかったなら、つまり製品の泣く声が聞こえてきたら、「この子はいったいどこが痛くて泣いているのだろう。このケガはどこでしたのだろう」と考えていました。

そのように製品の一つひとつを、まるで自分の子どもでも見るかのように、愛情を込めて観察していくと、必ずと言っていいほど、問題解決や歩留まり向上につながるヒントを得ることができました。

このようなこともありました。

ファインセラミックスは、原料の粉末を固めて形をつくり、それを焼成炉《しょうせいろ》に入れ、温度を上げて焼いていきます。

陶磁器が千二百度くらいの温度で焼くのに対して、ファインセラミックスは千六百度という高温で焼き固めていくのです。千六百度という高温の世界では、炎は赤色ではなく、見た瞬間、目を刺すような痛みが走るくらいのまばゆい白色をしています。

成形したファインセラミックスを、そのような高温状態で焼成していくと、製品は少しずつ収縮していきます。収縮率が大きい場合、サイズでは二割くらい縮みますが、その縮み方も均一でなくてはなりません。少しでもバラツキがあると、それは不良品となってしまいます。

また、板状のファインセラミックス製品などを焼くと、最初のころはあっちに反ったりこっちに反ったりして、まるでスルメみたいな製品しかできませんでした。「ファインセラミックスがなぜ反ってしまうのか」といったことは、研究文献には書いていないので、いろいろと仮説を立てては実験を繰り返すことになりました。

そのうち、原料を金型に入れてプレスすると、上の面と下の面では、圧力のかかり方が異なるため、原料粉末の充塡《じゅうてん》密度が違っていることがわかりました。

実験を重ねた結果、密度の低い下の面のほうの縮み方が大きく、そのために反ってしまうことが判明したのです。ただ、反りが生じるメカニズムがわかっても、なかなか粉末の密度を一定にすることができません。

そこであるとき、いったいどのように反っていくのか、その様子を見ようと、炉の裏に穴を開け、そこから中をのぞいてみました。どのくらいの温度でどのように反っていくのか、その変化をじっと観察することにしたのです。

やはり、温度が上昇するにつれて、ファインセラミックスの板は反っていきます。

図解 ファインセラミックスの製造工程

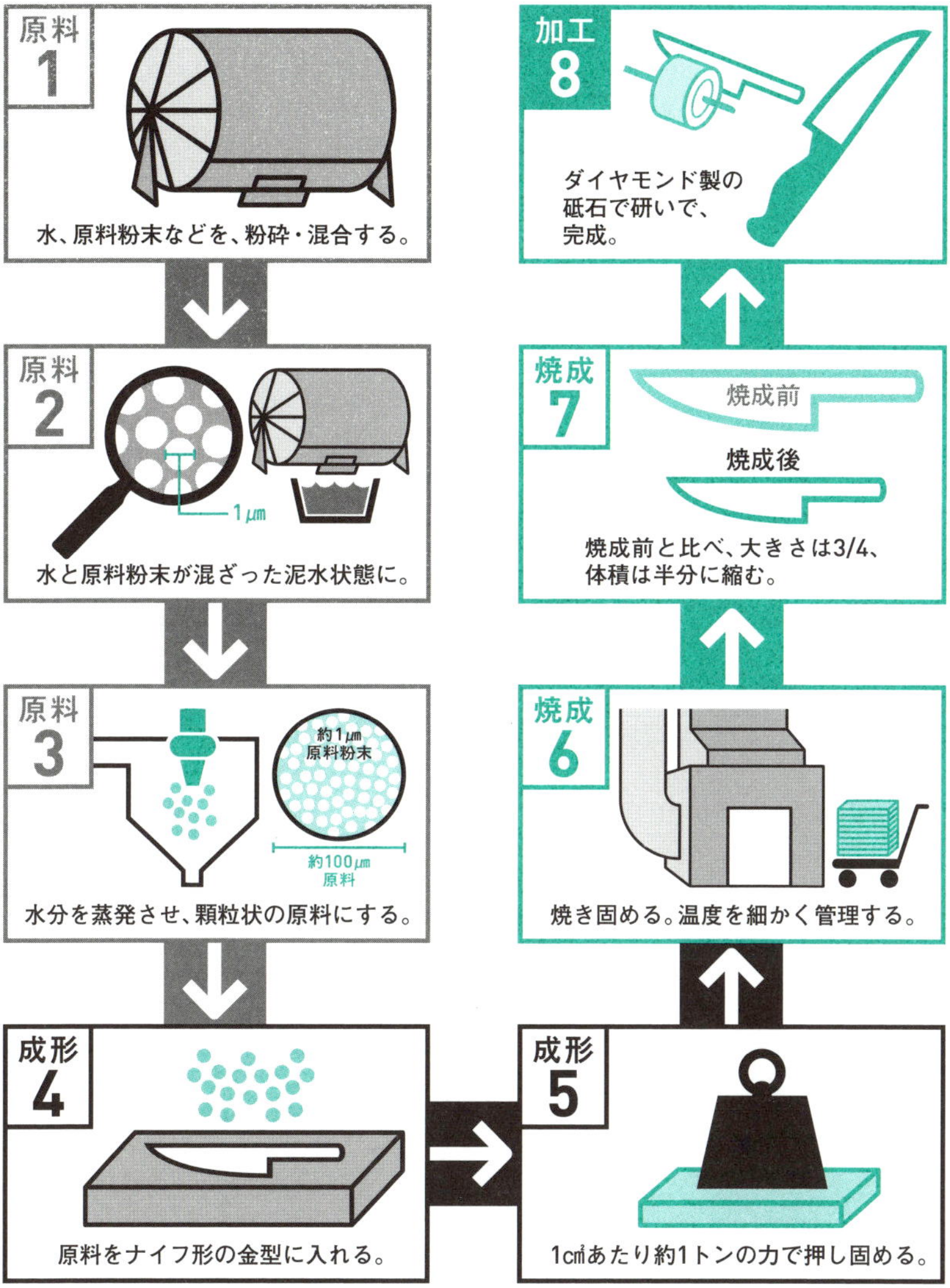

ファインセラミックナイフができるまで

条件を変えて何回も試みるのですが、どうしても、まるで生き物のように反っていきます。見ていて耐えられなくなり、つい、穴から手を入れて、上から押さえたい衝動に駆られました。

もちろん、そんなことをすれば、炉の中は千何百度という高温ですから、手は一瞬で溶けてしまいます。それはわかっているのですが、高温の炉に思わず手を突っ込みそうになるくらい、この問題をなんとしても解決したいと考えていたのです。

しかし、炉の中に手を入れて押さえたいと思ったその瞬間、ふと「高温で焼成しているときに製品を上から押さえれば、反りは生じないはずだ」ということに気づきました。そこで、耐火性の重しを製品の上に載せて焼成してみることにしたのです。

その結果、見事なまでに平らな製品が完成しました。

この例のように、仕事への愛情ほど有能な教師はいません。

仕事に行き詰まったり、やり方に迷ったりしたら、愛情を持って、現場に行き、あらゆることを素直な目で見つめ直すことです。

そうすれば、必ず問題解決のヒントや、新たな挑戦への飛躍台となる、確かな「ささやき」が聞こえてくるはずです。

16
「自燃性の人」となる

物質には、「可燃性」「不燃性」「自燃性《じねん》」のものがあります。

同様に、人間のタイプにも火を近づけると燃え上がる「可燃性」の人、火を近づけても燃えない「不燃性」の人、自分からカッカと燃え上がる「自燃性」の人がいます。

何かを成し遂げようとするには、「自ら燃える人」でなければなりません。

自ら燃えるためには、自分のしていることを好きになると同時に、明確な目標を持つことが必要です。

私のような経営者であれば、自分の会社をこうしよう、ああしようとつねに考えています。仕事に就いたばかりの若い人も、自分の将来に夢を描き、こうなりたい、ああなりたいと考えていることでしょう。

しかし中には、ニヒルと言うか、冷め切った顔をして、まったく燃え上がってくれない若者がいます。周囲がいくらカッカと熱くなっていても燃え上がらないどころか、相手の熱まで奪ってしまいそうな、「氷のような人間」がときたまいるものです。

こういう人間は困りものです。

企業の場合でも、スポーツチームの場合でも、そのような燃えてくれない人が一人でもいると、全体が沈滞した雰囲気になってしまいます。だから、私はよくこんなことを思ったものです。

「『不燃性』の人は会社にいてもらわなくても結構だ。私が近づかなくても勝手に燃えてくれる『自燃性』の人であってほしい。少なくとも燃えている私が近づけば一緒になって燃える『可燃性』の人でなくてはならない」

「自燃性」の人とは、「人から言われたから仕事をする」「命令されたから仕事をする」といったような人ではありません。

「言われる前に自分からやる」という、積極的な人こそが、「自燃性」の人であり、それは仕事を好きになった人であるはずです。

持てるエネルギーを限りなくかき立て、仕事に邁進するためにも、仕事を好きになり、自燃性の人となることが必要なのです。

人には「不燃性」「可燃性」「自燃性」がある

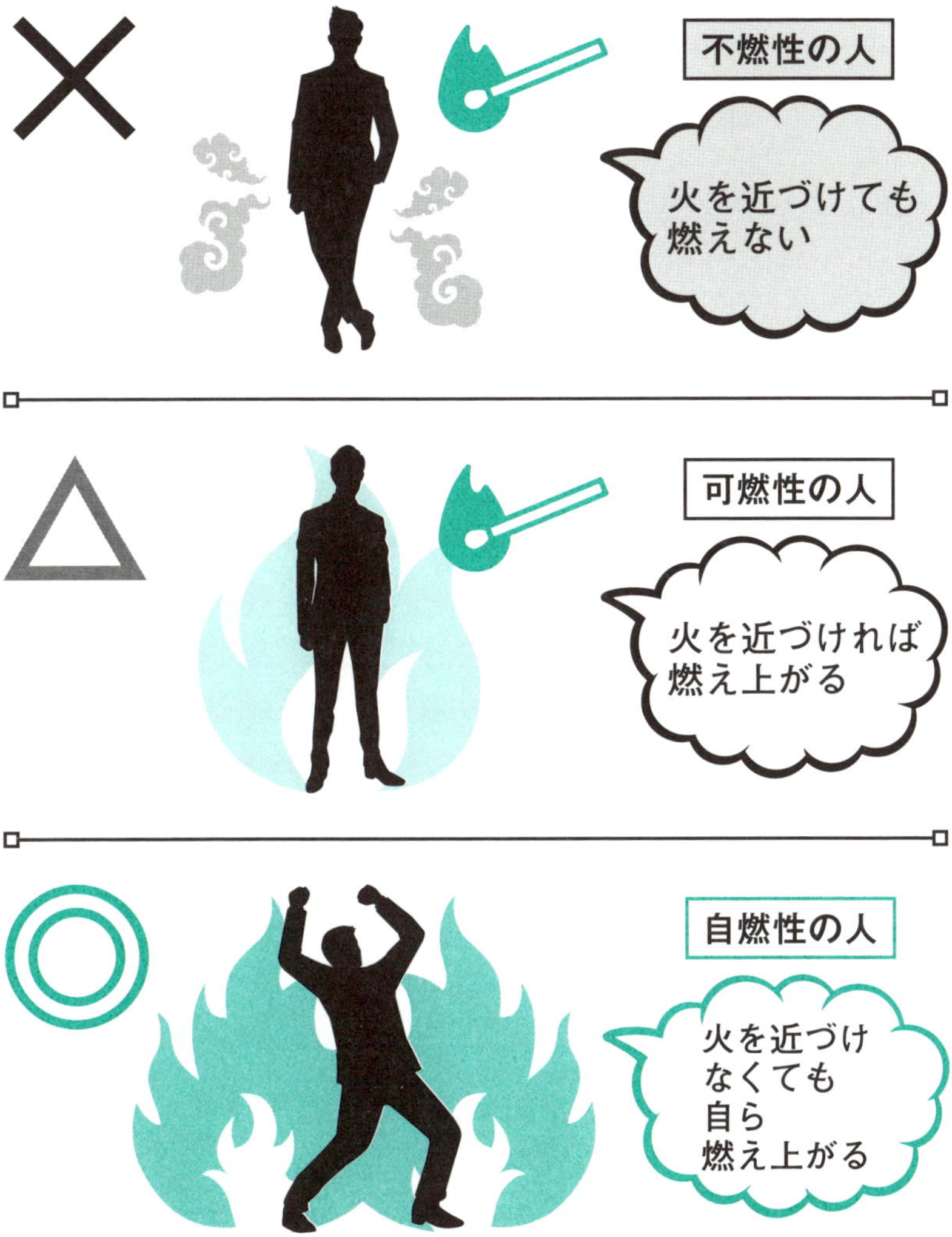

何かを成し遂げるには「自燃性の人」でなければならない

17

「渦の中心」で仕事をする

会社など集団の中で仕事を円滑に進めていくには、それがどんな仕事であれ必ず、エネルギッシュに中心的役割を果たしてくれる人が必要となります。

そのような人を中心にあたかも上昇気流が湧き起こるかのように、全員を巻き込んで組織が大きく動いていく。そんな自分から積極的に仕事に向かい、周囲に働きかけ、仕事をダイナミックに進めていける人を、私は「渦の中心で仕事をしている人」と表現しています。

仕事というものは、自分一人ではできません。上司、部下をはじめ、周囲の人々と協力してはじめて、いい仕事となります。

しかし、自分が渦の中心とならず、渦の周囲をぐるぐる回っているだけでは、仕事の本当の喜びを感じ取ることは難しくなります。自分が渦の中心になり、積極的に周

自分から渦をつくる人になる！

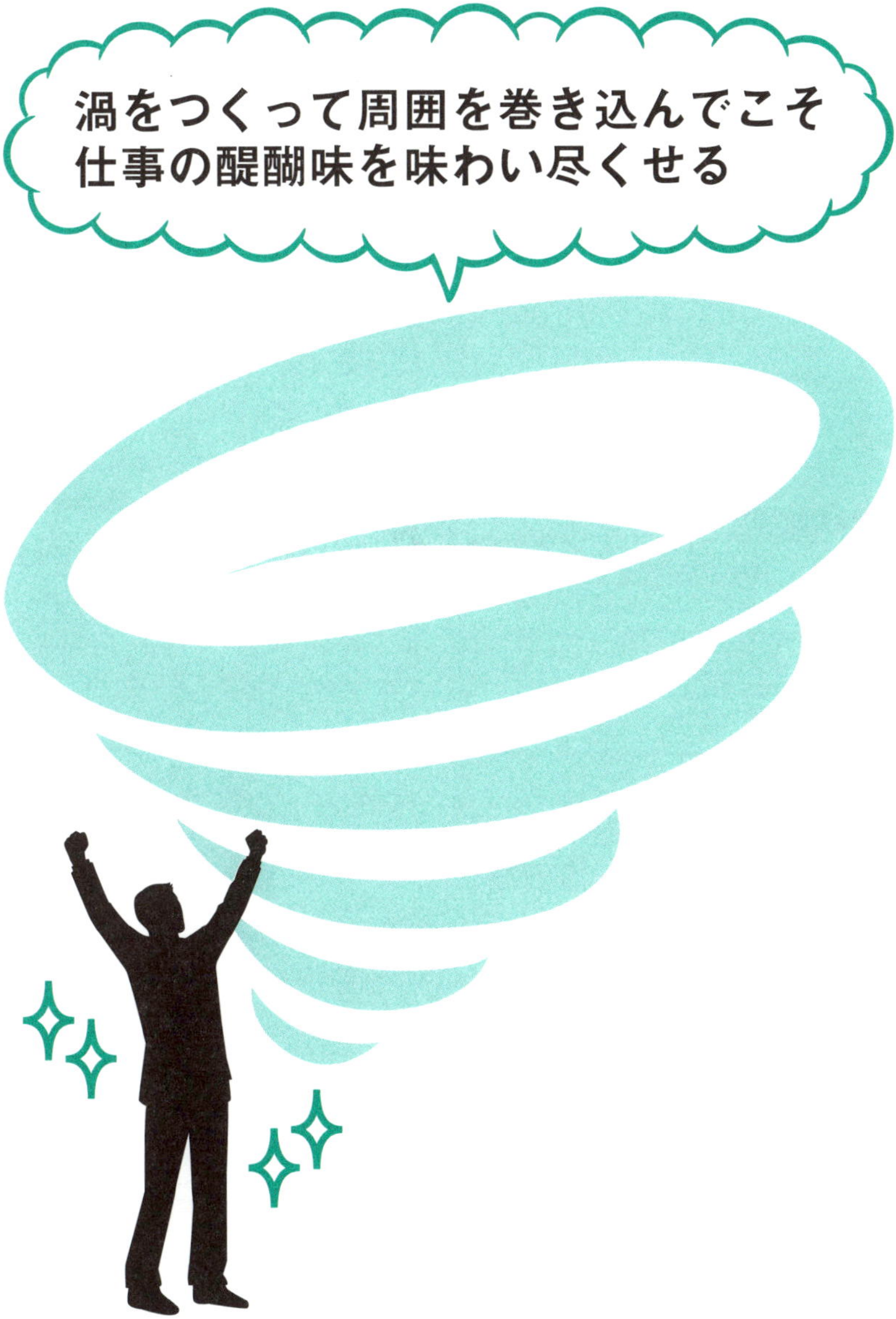
渦をつくって周囲を巻き込んでこそ
仕事の醍醐味を味わい尽くせる

囲を巻き込んでいってこそ、仕事の醍醐味を存分に味わい尽くすことができるのです。

どのようにして、「渦」を巻き起こすのでしょうか。

頼まれてもいないのに、何かやろうと自分から言い出す、いわゆる「言い出しっぺ」が、必ず組織の中にはいるものです。それは、幹部や先輩に限りません。若くても先輩たちを集めて、そう切り出す者がいます。

たとえば、「今月の売上を伸ばす」というテーマがあるとします。

そのとき、まだ入社したばかりの若い社員であっても、「先輩、売上を伸ばそうと社長が言っておられますが、今日の定時後にみんなで集まって、どうすれば伸ばせるか検討してみませんか」と言い出すようであれば、もうその人間が「渦の中心にいる人」であり、集団のリーダーなのです。

「いい格好をしたい」から切り出すのではなく、仕事が好きで、純粋な「問題意識を持っている」から、そうできるだけのことです。仕事を好きになることで、指示に従って動くのではなく、自分から「渦をつくっていく」という気持ちで働くこと。

つまり、自燃性の人になることで、仕事で素晴らしい成果を収め、人生を豊かなものにすることができるのです。

第3章

「高い目標」を掲げて働く
——誰にも負けない努力を重ねる

18 「高い目標」を掲げ続ける

京セラは、京都市中京区《なかぎょうく》の西ノ京原町《にしのきょうはらまち》という京都のはずれにあった、ある配電盤メーカーの倉庫を間借りして、従業員二十八名で創業しました。

当時、私はそのわずかな従業員たちを前に、

「この西ノ京原町で一番の会社になろう。西ノ京原町で一番になったら、中京区で一番の会社を目指そう。中京区で一番になったら、次は京都で一番。京都で一番が実現したら、日本一になろう。日本一になったら、もちろん世界一だ」

と、ことあるごとに語りかけていました。

ただ実際には、「世界一」はおろか、町内で一番も、そう簡単なことではありませんでした。

狭い町ではありましたが、当時、西ノ京原町には、立派な会社があったのです。

最寄りの駅から京セラへ来る道すがらに、自動車の整備に使うスパナやレンチをつくっている、京都機械工具というメーカーがありました。そのころ、勃興《ぼっこう》しつつあった自動車産業に歩調を合わせ、朝から晩まで一日中、機械がうなりを立てているような、活気のある会社でした。

創業したばかりで意気に燃えていたばかりか、努力を怠ればもう明日はないという危機感もありましたから、私たちは夜を日に継いでがんばっていました。しかし、ようやく夜中に仕事を終えて、その会社の前を通りかかると、いつも煌々《こうこう》と灯りがつき、多くの人が働いているのです。

京セラよりはるかに大きな会社がそこまで働いていたわけですから、「西ノ京原町で一番」になることさえ、並たいていなことではありませんでした。

それでも私は、「西ノ京原町で一番の会社になろう」と従業員に語り続けました。さらには、「西ノ京原町で一番になったら、今度は中京区で一番の会社になろう」と、より大きな夢を語り続けました。

中京区には、当時すでに京都を代表するメーカーであり、近年もノーベル賞受賞者を出したことで知られる、島津製作所がありました。中京区で一番になるには、その島津製作所を抜かなければならないのです。

もちろん、確かな目算などあったわけではありません。

当時の京セラの規模や力量から言えば、まったく身のほど知らずのものでしかありません。

しかし、たとえ身のほど知らずの大きな夢であっても、気の遠くなるほどの高い目標であっても、それをしっかりと胸に抱き、まずは眼前《がんぜん》に掲げることが大切なのです。

なぜなら、人間には、夢を本当のものにしてしまう、素晴らしい力があるからです。

京都一、日本一の企業となると思い続けているうちに、いつのまにか自分自身でもそれが当たり前のように思えてきました。また、それは従業員にとっても同様で、いつのまにか、とてつもない目標を私と共有し、果てしのない努力を日々重ねてくれました。

そのような日々が、私たち京セラを、創業当初、誰も予想だにできなかったところまで導いてくれたのです。高い目標とは、人間や組織に進歩を促してくれる、最良のエンジンなのです。

高い目標を掲げ続ける

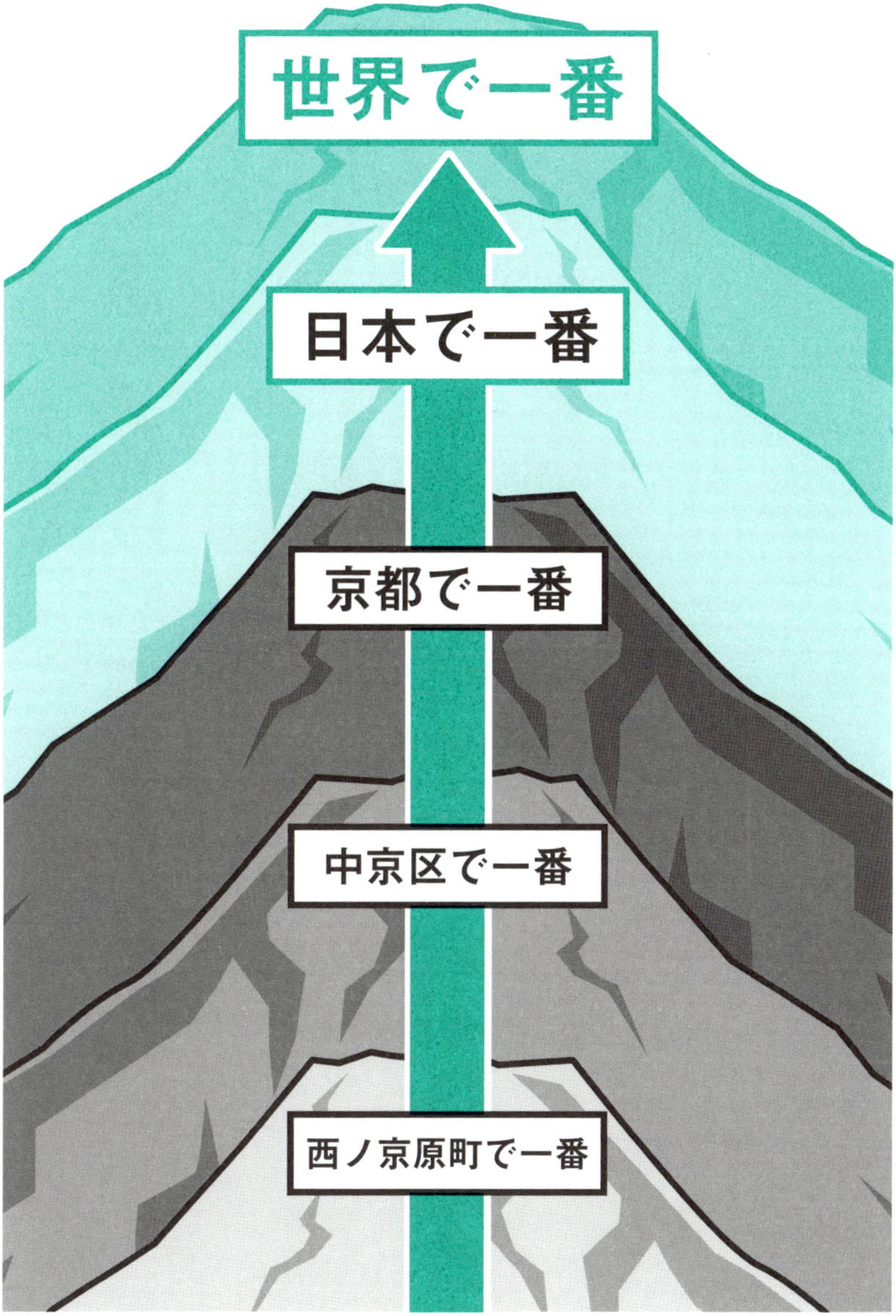

19

まず「思わなければならない」

私は若いころ、松下幸之助さんが講演会でおっしゃった言葉に、たいへん感銘を受けたことがあります。

それは「ダム式経営」についてのお話でした。

京セラを創業したころ、私は経営の素人でしたので、成功した経営者から経営の秘訣を学びたいと考えていました。ちょうどそのころに、幸之助さんの講演会の案内をいただき、「経営の神様」と言われる方は、いったいどのような考え方で経営をしておられるのか、それを知りたいという一心で申し込み、期待に胸をふくらませて講演会場に出かけていきました。

当日は、仕事の都合で着くのが遅れ、私は会場の一番後ろで、立って講演を聞くことになりました。

「景気がよいときに、景気がよいままに経営するのではなくて、景気が悪くなるときのことを考えて、余裕のあるときに蓄《たくわ》えをする。つまり、水を溜めておくダムのように、景気が悪いときに備えるような経営をすべきだ」――。

幸之助さんは、このような趣旨のお話をされました。

雨が大量に降って、それがそのまま川に流れ込めば、川は氾濫《はんらん》して洪水を引き起こし、大災害を招いてしまいます。だから、雨水をいったんダムで堰《せ》き止め、それを必要に応じて放流すれば、洪水の発生を抑えるだけでなく、川の水を絶やすこともなくなり、有効に水を使うことができる。

「ダム式経営」とは、このような治水の考え方を経営に応用したものです。

講演が終わって質疑応答になったときのことでした。

後ろのほうにいた人が手を挙げて、「そういうダム式経営、つまり、余裕のある経営をしなきゃならんことはよくわかります。何も松下さんに言われなくても、われわれ中小企業の経営者はみんな、そう思っているんです。しかし、それができないので困っているんです。どうすれば余裕のある経営ができるのか、その方法を具体的に教えてもらわなきゃ困ります」というような、質問とも抗議ともつかない発言をしたのです。

そのとき、幸之助さんはたいへん戸惑った顔をされ、しばらく黙っておられました。

そして、ポツリと、

「いや、それは思わんとあきまへんなぁ」

と言って、そのまま黙ってしまわれたのです。答えにもなっていないと思ったのか、聴衆の間から失笑がもれたことを覚えています。

しかし、私はその瞬間、身体中に電撃が走るように思いました。

幸之助さんのつぶやきとも取れる「思わんとあきまへんなぁ」という一言に込められた、万感《ばんかん》の思いのようなものに打たれたのです。

「思わんとあきまへんなぁ」――この一言で、幸之助さんは、こんなことを伝えようとしていたのではないでしょうか。

「あなたは、そういう余裕のある経営をしたいと言います。でも、どうすれば余裕ができるかという方法は千差万別で、あなたの会社にはあなたの会社のやり方があるでしょうから、私には教えることができません。しかし、まずは余裕のある経営を絶対にしなければならないと、あなた自身が真剣に思わなければいけません。その思いが

「余裕のある経営」とは何か？

**景気が悪くなっても
蓄えがあれば耐えられる**

すべての始まりなんですよ」

つまり、「できればいいなあ」という程度であるならば、絶対に高い目標や夢は成就しない。余裕のある経営をしたいと本気で思っているかどうか。本気であれば、そのための具体的な方策を必死で考え、必ず「ダム」を築くことができるということを、幸之助さんは言いたかったのです。

思わなければ何も実現しない、このことは仕事のみならず、人生における鉄則でもあるのです。

思いがすべての始まり

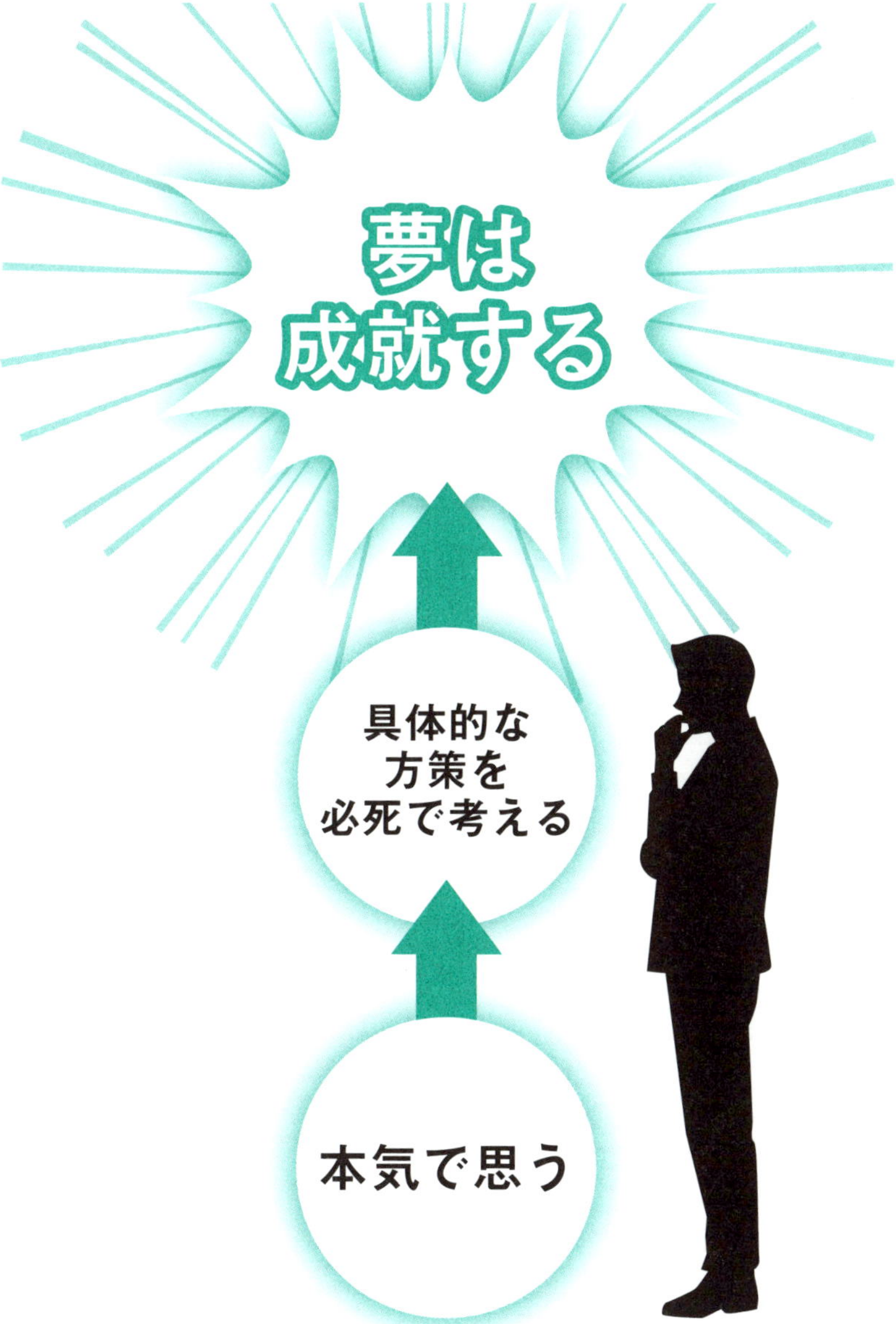
夢は
成就する
具体的な
方策を
必死で考える
本気で思う

20 願望を「潜在意識」に浸透させる

思いは必ず実現する。

それは、人が「どうしてもこうありたい」と強く願えば、その思いが必ずその人の行動となって現れ、実現する方向におのずから向かうからです。

ただそれは、強い思いでなければなりません。

漠然と思うのではなく、「何がなんでもこうありたい」「必ずこうでなくてはならない」といった、強い思いに裏打ちされた願望、夢でなければならないのです。

寝食を忘れるほどに強く思い続け、一日中、そのことばかりをひたすら繰り返し考え続けていくと、その思いは次第に「潜在意識」にまで浸透していきます。

「潜在意識」とは、自覚されないまま、その人の奥深く潜んでいるような意識のことです。普段は表に出てきませんが、思いもかけないとき、またいざというときに現れて、計り知れない力を発揮します。

一方、常日ごろから発揮しているような意識のことを、「顕在意識《けんざいいしき》」と言います。人間の意識の中では、「潜在意識」の領域のほうがはるかに大きく、過去に繰り返し体験したことや、強烈な経験などが入っていますから、それを活用することによって、瞬時に正しい決断を下すことが可能だと言われています。

この「潜在意識」が寝ているときにさえ働いて、私たちの行動を目標が実現する方向へと導いてくれるのです。

「潜在意識」が持つ素晴らしい力は、自動車の運転を例に考えると、イメージしやすいかもしれません。

運転を覚えたてのころは、手でハンドルを握り、足でアクセル、ブレーキを踏んでというように、動作の一つひとつを頭で考えながら、つまり「顕在意識」で運転をしています。

やがて慣れてくると、いちいち操作の手順などを考えなくても、無意識に運転ができるようになります。ときには、仕事上の問題などについて、考えごとをしながら運転をしていて、ヒヤッとすることさえありますが、それでも事故を起こすことなく運転できるのです。

運転技術が「潜在意識」に浸透したため、「顕在意識」を使わなくても、身体が勝手に動いてくれるようになったわけです。

仕事でも、この「潜在意識」を有効に使うべきなのです。

たとえば、「自分の仕事をこうしたい」と強く思っていると、突然素晴らしいアイデアがひらめくことがあります。

これも「潜在意識」です。

毎日、一生懸命に考えているうちに、その思いが潜在意識に透徹《とうてつ》していきます。するとくに意識をしなくても、思いもかけない場面で「潜在意識」が働いて、素晴らしい着想が得られるのです。しかも、そのような「ひらめき」は核心を突いていて、今、自分が遭遇している問題を一気に解決してくれることもよくあることです。

それは、まさに「神の啓示」としか、たとえようがありません。

私にも、そんな経験がよくありました。

たとえば、京セラが新しい事業に取り組もうとするときのことです。新規事業と言っても、私たちにその新しい分野の専門技術があったわけではありません。ただ、そ

潜在意識が持つ素晴らしい力

潜在意識

- 自覚されないまま、その人の奥深くに潜む
- いざというときに現れ、
計り知れない力を発揮
- 顕在意識と比べ、はるかに大きい領域
- 過去に繰り返し体験したこと、
強烈な経験が入っている
- 活用すると、
瞬時に正しい判断を下すことができる

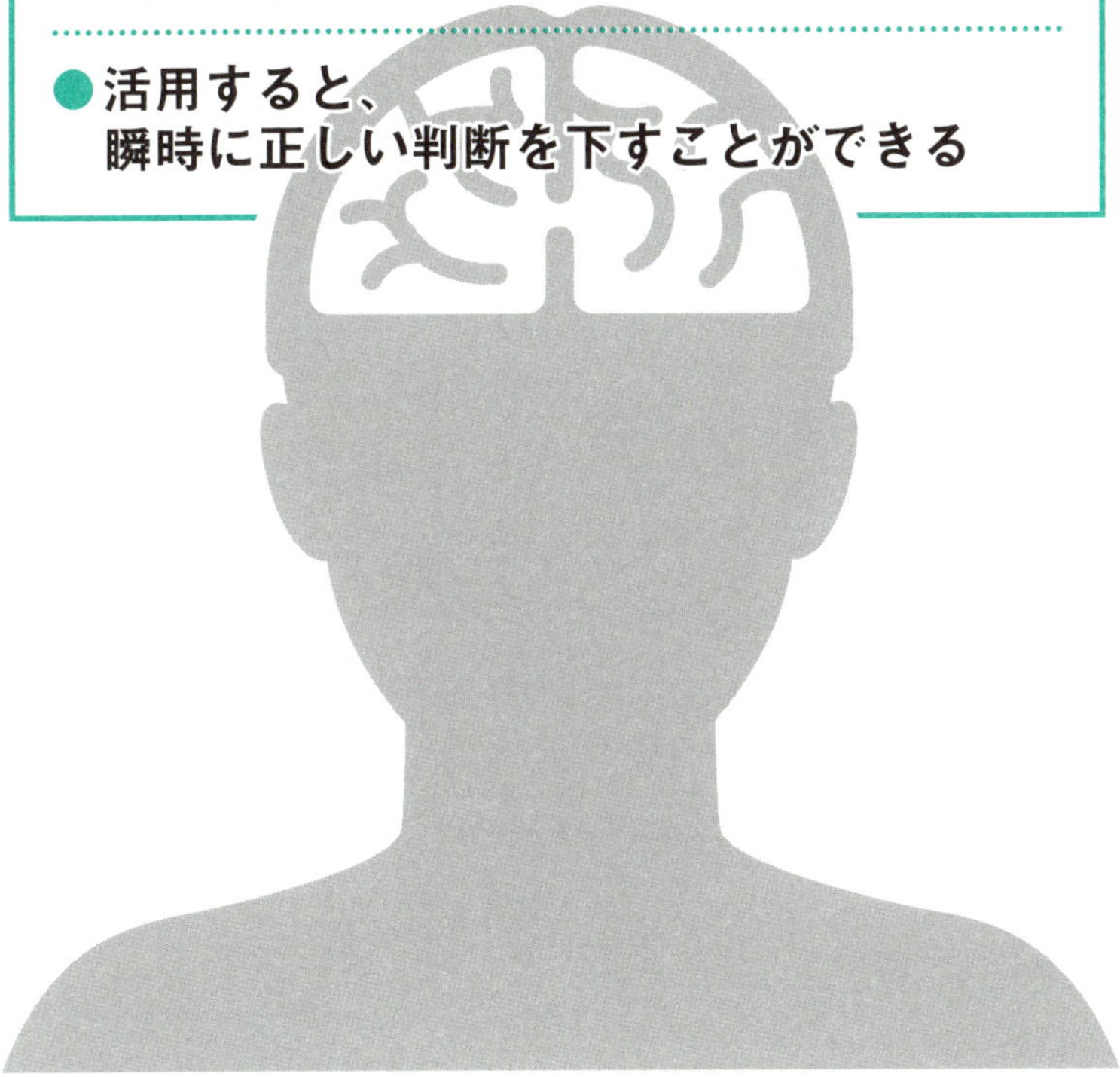

の新しい分野に京セラの技術を持ち込めば、素晴らしい事業展開が可能になる――そのような確信があるものの、現実に自分たちが持っている人材や技術とのギャップに悩んでいる。

そんなときに、思いもかけない出会いに遭遇するのです。

ある会合で、知人に人を紹介してもらう。

すると、その人がかねてから関心を抱いていた、新しい分野の優れた専門技術者であるということがわかり、急ぎ入社してもらい、とんとん拍子で新しい事業が進んでいく。そのようなことがありました。

このようなことは単なる偶然のようにも思えますが、私は「潜在意識」、つまり私がいつも考え続けていたために、必然的にそうなったのではないかと思うのです。もし、「潜在意識」に達するほどの強い願望を私が抱いていなければ、打ってつけの人材が目の前を通っても、気がつかずに見逃してしまっていたに違いありません。

高い目標を達成していくには、「潜在意識にまで透徹する」ほどの、強い持続した願望を持つことが、まずは前提となるのです。

潜在意識を活用する

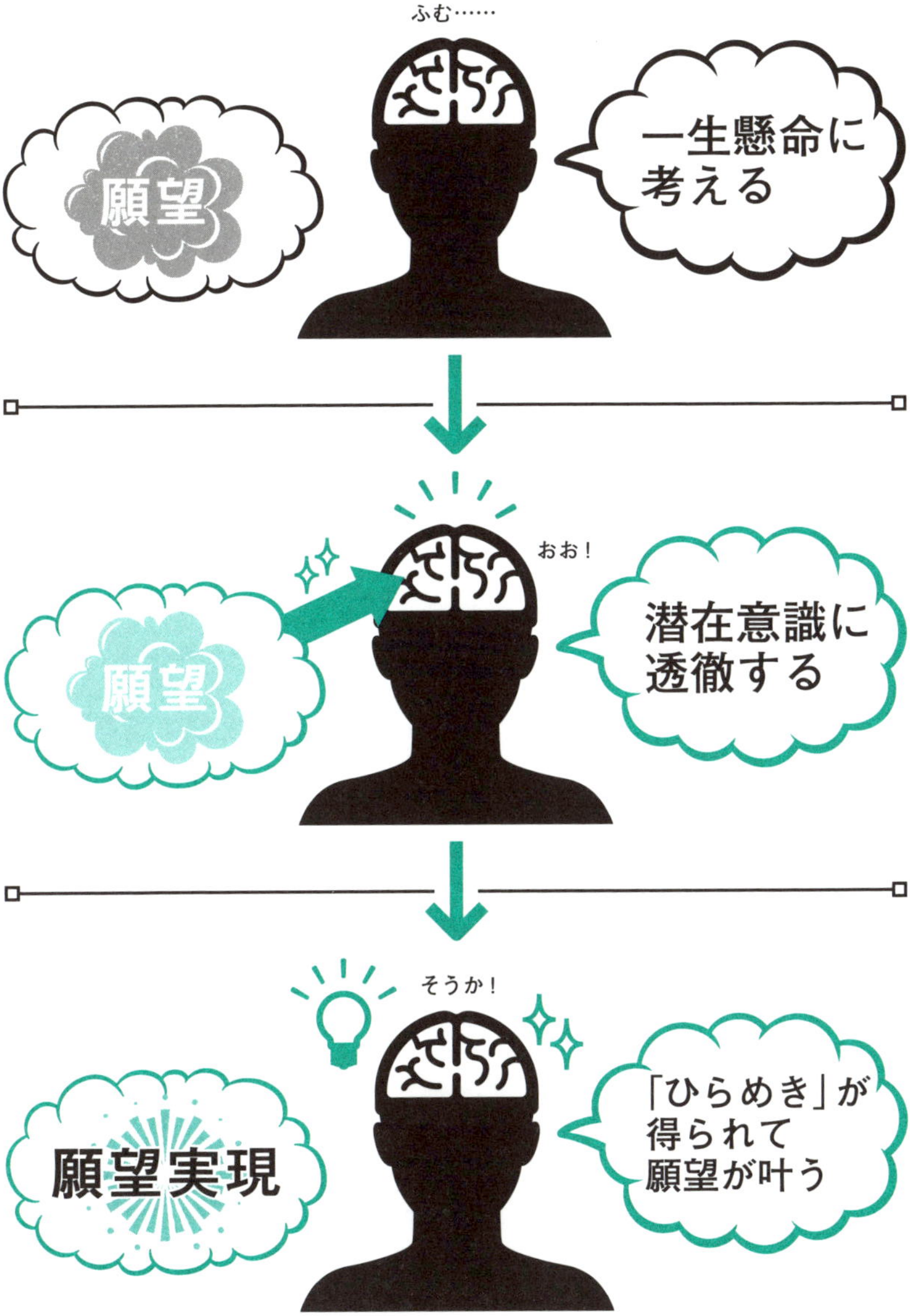

21
持てる力をすべて出したとき「神が現れる」

登山では、平地から自分の足で一歩一歩踏みしめて、頂上を目指していくしかありません。

しかし、その一歩一歩の積み上げが、やがて八千メートルを超える、ヒマラヤの高峰を征服することにつながるのです。

古今東西の偉人たちの足跡を見ても、そこには気の遠くなるような努力の跡があります。生涯を通じて、そのような地味な一歩一歩の努力を積み重ねていった人にしか、神様は成功という果実をもたらしてくれないのかもしれません。

逆に「地味な努力などバカげたことで、そんなことをしていては短い人生で後《おく》れを取ってしまう」と考え、何かもっと楽な方法はないかと日々の地道な努力を嫌がるから、仕事で成功を収めることができないのです。

こんなことを思い出します。

京セラが創業して、まだ十年もたっていないころのことです。

世界的なコンピューターメーカーであったＩＢＭ社から、ケタ外れに高い性能を持った、ファインセラミックス部品の注文を受けました。当時の技術水準をはるかに超えた要求に苦しみながら、四苦八苦してなんとかつくり上げようとするのですが、試作品を納めるたびに「不良」の烙印《らくいん》を押されてしまうのです。

当時の京セラの持てる力と技術をすべて注ぎ込み、悪戦苦闘したあげく、やっと要求通りの製品ができたと思ったのもつかのま、それもすべて不良品と判定され、二十万個の製品が全部返品の憂き目に遭ったこともありました。

「もうこれ以上は無理だ」――そんな空気が社内に満ちていたある夜、私はその製品を焼く炉の前で立ちすくんでいる、一人の若い技術者を見かけました。

そばに寄ると、彼は肩を震わせて泣いていました。

どうしても思うような製品がつくれず、万策尽きたといった風情で、意気消沈していたのです。

「今夜はもう帰れ」

私がそう言っても、炉の前を動こうとしません。

そんな姿を見ていると、私の口から思わず、こんな言葉が飛び出してきました。

「おい、神様に祈ったか？」

「は？」

「焼成《しょうせい》するときに、どうかうまく焼き上げてくださいと、神様に祈ったか？」

それを聞いた彼は、かなり驚いたようです。

ただ、私の言葉を何度かつぶやいた後、

「わかりました、もう一度、一からやってみます」

と吹っ切れたようにうなずいて、仕事に戻っていきました。

その後、彼を含む開発チームは困難な技術課題を次々に克服して、高い要求水準を満たす「手の切れるような製品」の開発に成功することができたばかりか、二千万個という、気の遠くなるような数の製品を期日通りにつくり上げ、お客様に納めていったのです。

「神様に祈ったか」――技術者らしくない言葉です。

そのやりとりをはたで見ている人がいたら、気でも狂ったのかと思ったかもしれません。

しかし私は、人事を尽くし、後はもう神に祈り、天命を待つしか方法はないと言えるほど、すべての力を出し切ったのか。自分の身体が空っぽになるくらい、製品に自分の「思い」を込め、誰にも負けない努力を重ねたのか。そういうことを言いたかったのです。

そこまで強烈に思い、持てるすべての力を出し切ったとき、はじめて「神」が現れ、救いの手を差し伸べてくれるのではないでしょうか。

「おまえがそこまで努力したのなら、その願望が成就するよう助けてやらなくてはなるまい」と、神が重い腰を上げるくらいまでの、徹底した仕事への打ち込みが、困難な仕事にあたるとき、また高い目標を成し遂げていくときには絶対に必要になるのです。

22 いつも「百メートル競走のつもりで走れ」

「誰にも負けない努力をする」——よく私が口にする言葉です。

努力が大切だということは、みんな知っています。また、「努力をしていますか?」と問われれば、ほとんどの人が「はい、自分なりに努力をしています」と答えることでしょう。

ただ、いくら人並みの努力を続けたとしても、みんなが等しく努力を重ねている中にあっては、それはただ当たり前のことをしているだけのことであり、それでは成功はおぼつかないのです。人並み以上の誰にも負けない努力を続けていかなければ、競争がある中ではとても、大きな成果など期待することはできないでしょう。

この「誰にも負けない」ということが、大切なことです。

仕事において何かをなそうとするならば、そのような果てしもない、際限のない努力を惜しんではなりません。人並み以上の努力も払わず、大きな成功を収め、成功を持続できることは絶対にないのです。

京セラ創業時、毎晩、何時ごろに家に帰り、何時ごろに寝たのか――私にはほとんど記憶がありません。

それほど、夜を日に継いで仕事に没頭していたのです。

「誰にも負けない努力」とは、「ここまでやったからＯＫ」といったようにゴールがあるものではありません。終点を設けず、先へ先へと設定されるゴールを果てしなく追いかけていく。そんな無限に続く努力のことです。

ただ、そのようなことを続けているうちに、従業員から不安や不満の声が湧き出てきました。

「こんな際限のない努力をしていたのでは身体が持たないではないか。今にみんな潰れてしまうのではないか」と言うのです。みんなの顔を見ると、たしかに疲れ切った表情をしています。

私はよくよく考えたうえで、あえて心を鬼にして、こう言ったことを覚えています。

「会社経営とは、四十二・一九五キロの長丁場を走り続けるマラソンレースのような

京セラ創業からの業績推移（連結）

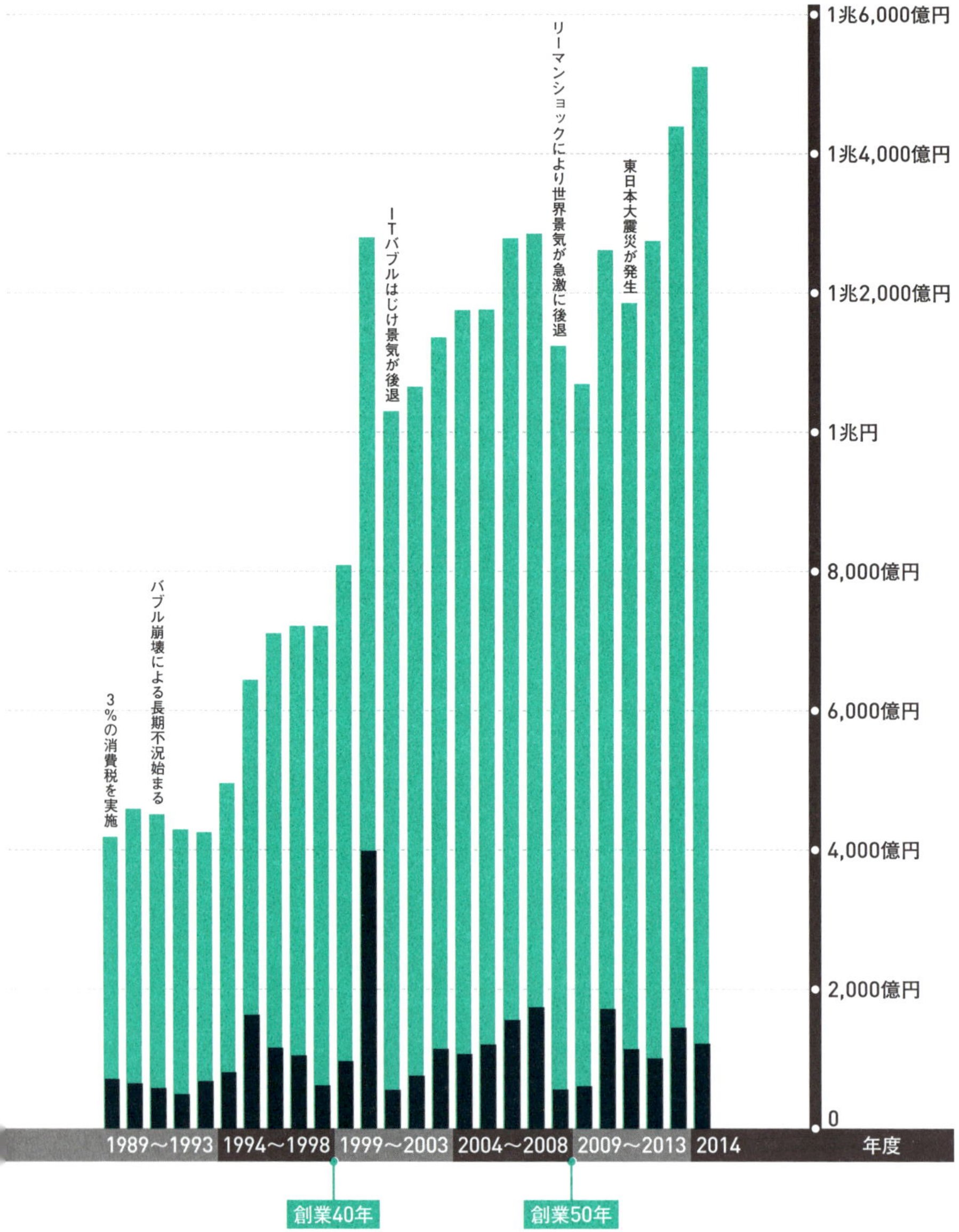

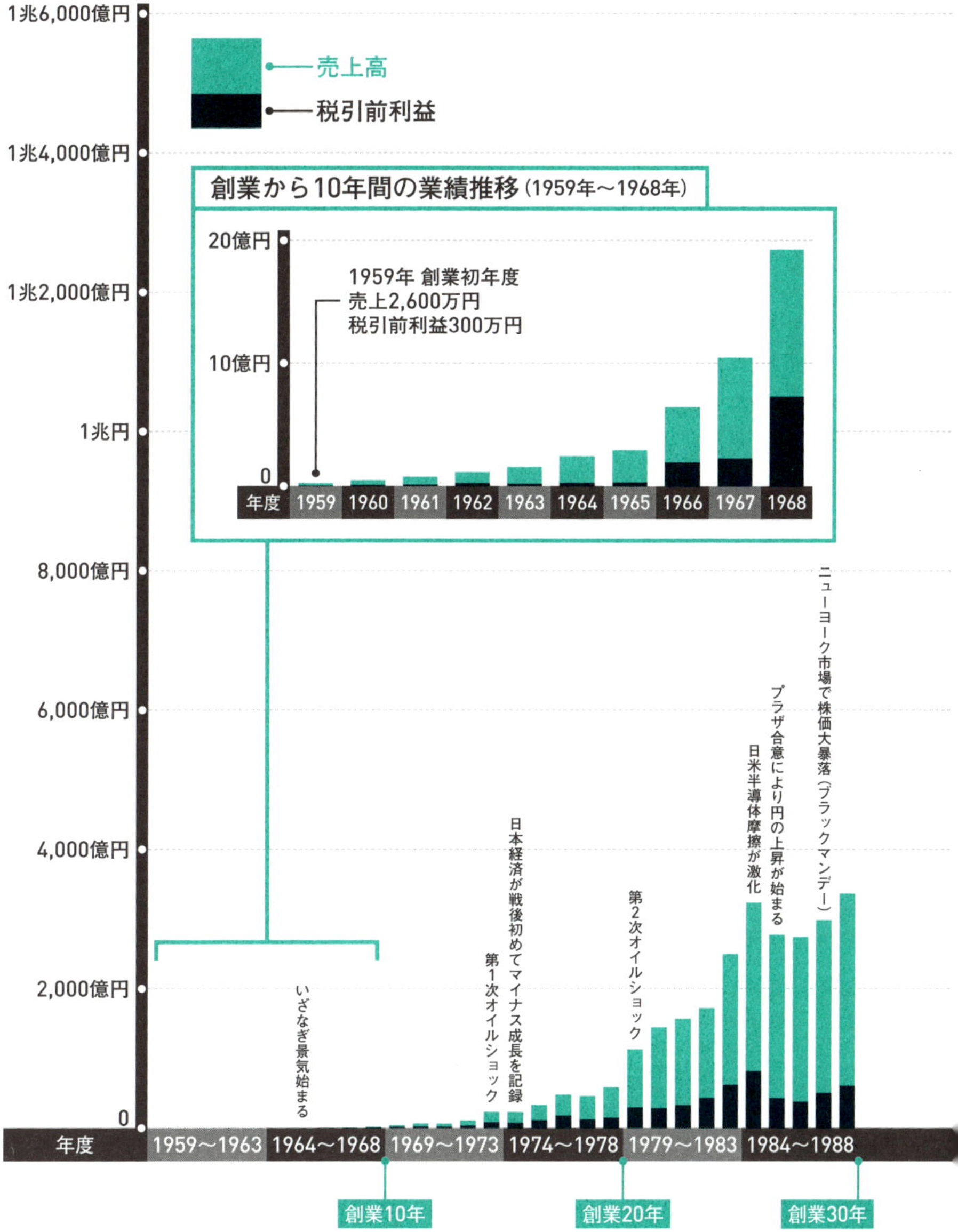

1兆6,000億円
1兆4,000億円
1兆2,000億円
1兆円
8,000億円
6,000億円
4,000億円
2,000億円
0
売上高
税引前利益
創業から10年間の業績推移（1959年～1968年）
20億円
10億円
0
1959年 創業初年度
売上2,600万円
税引前利益300万円
年度
1959
1960
1961
1962
1963
1964
1965
1966
1967
1968
いざなぎ景気始まる
第1次オイルショック
日本経済が戦後初めてマイナス成長を記録
第2次オイルショック
日米半導体摩擦が激化
プラザ合意により円の上昇が始まる
ニューヨーク市場で株価大暴落（ブラックマンデー）
年度
1959～1963
1964～1968
1969～1973
1974～1978
1979～1983
1984～1988
創業10年
創業20年
創業30年

ものではないだろうか。そうすれば、これまでマラソンなどしたことのない素人集団のわれわれは、その長丁場のレースに遅れて参加した素人ランナーのようなものだ。それでもレースに参加するのであれば、私は百メートル競走のつもりで走りたい。そんな無茶な走り方では身体が持たないと思う人もいるだろうが、遅れて参加し、マラソンの経験もないわれわれには、それしか道はない。それができないのなら、最初からレースには参加しないほうがいい」

私はこのように従業員を説得したのです。

資金も技術も設備もない、ないないづくしで、ファインセラミックスの業界に最後発で参入した京セラのことを考えたとき、それは悠長な選択の問題ではなく、生き残っていくには、それより他に手段がないという、まさにギリギリの決断でもありました。そして、そんな無茶とも思える私の考えを理解して、私の後を従業員はみんなよくついてきてくれました。

そのような努力が実り、創業して十年ほどたったとき、京セラは株式上場を迎えることができました。

私は、次のように従業員に語りかけました。

誰にも負けない努力とは?

百メートル走のスピードでマラソンを走る努力をする

「百メートル競走の速度でマラソンを走れば、途中で落伍《らくご》することになると誰もが思い、心配をした。しかし、いざ走り出してみたら、全力疾走が習《なら》い性《せい》になって、トップスピードを持続しながらここまで走ることができた。また、先行するランナーの速度がそれほど速いものではないこともわかってきた。そのため、さらにスピードが増して、今では先頭集団を視野にとらえている。今後も全力で走り続けていこう」

この短距離を走る速度で長距離を走り続けるような、際限のない努力が、「誰にも負けない努力」なのです。

ただの努力では、企業も人も大きく伸ばすことはできません。「誰にも負けない努力」こそが、人生や仕事で成功するための駆動力となるのです。

23 誰にも負けない努力は、自然の摂理

私たちは、この「誰にも負けない努力」をするということは、特別なことだとつい考えがちです。際限のない努力をするということを、自分たちだけに課せられた、重い命題のように考えてしまうのですが、けっしてそうではありません。

自然界を見れば、どんな動物でも植物でも、一生懸命生きていないものはありません。人間だけが、邪《よこしま》なことを考え、楽をすることを願うのです。春先に、家の近所を散歩したときのことです。城跡の石垣の隙間に草が顔を出していました。

「あんなところに植物が生えるのかな」と思い、のぞいてみると、石と石の間にほんのわずかだけ土があり、そこから草が春の息吹を精一杯吸い、芽を出していました。

その後、数週間の短い春のうちに、その草は太陽の光をいっぱいに受けて、葉を広げ、花を咲かせ、実をつけることでしょう。そうしなければ、やがて夏、石垣は灼熱《しゃくねつ》

の太陽に照らされ、すさまじい熱さになり、その草も枯れてしまうからです。暑い夏がくる前に精一杯に生き抜き、子孫を残す準備をして枯れていくわけです。

それは、アスファルト道路の割れ目から顔を出す、名も知らない雑草たちも同様です。水気さえない炎熱《えんねつ》地獄のような環境の中で、さまざまな草がもがき合いながら、必死に生きようとしています。それぞれの草が他の草よりも少しでも多く太陽の光を受け、もっと大きくなろうとして、精一杯葉を広げ、茎を伸ばすことを競っています。

相手を負かすために一生懸命生きているのではありません。自分自身が生きていくことに一生懸命になるように、自然はもともとできているのです。必死に生きていない植物など、絶対にありません。努力しない草は生存し得ないのです。

動物にしても、そうです。必死に一生懸命に生きていかなければ、生き残っていくことはできない。それがこの自然界の掟なのです。

ところが、私たち人間だけは、「誰にも負けない努力」とか、「一生懸命に生きる」ということを言えば、何か特別なことのように感じてしまう。

成功するために、一生懸命に働かなければならないのではありません。

生きていくために、「誰にも負けない努力」で働く、それが自然の摂理なのです。

必死に生きるのが自然の掟

過酷な環境でも「誰にも負けない努力」で働くのが自然の摂理

稲盛和夫の人生年表（京セラ創業まで）

——いかに運命を好転させたか——

西暦（年齢）	1932年（0歳）	【小学校時代】1938年（6歳）	1944年（12歳）	【中学校時代】1945年（13歳）
稲盛和夫が直面した試練（下地がグレーの部分）	鹿児島市にて出生。 母親の近くから離れず、一度泣き出したら止まらない泣き虫であった。	鹿児島市立西田小学校に入学。最初は成績優秀だったが、勉強をしなかったため、しだいに成績は下降する。一方、ガキ大将としての才覚を発揮し始める。	●進学校の鹿児島第一中学校を受験して失敗。	●当時死の病であった結核にかかる。
稲盛和夫の運命を好転させた行動				病床で『生命の實相』（谷口雅春著）を読み、周囲の現実は自分が心に抱く思いによってつくられていると知る。

担任の土井先生が「和夫君は見どころがある」と、両親に鹿児島第一中学校の再受験を勧める。再挑戦を決意。

●鹿児島第一中学校二度目の不合格。

☞二度目の不合格に落ち込む中、「男ならまだあきらめるな。道はある」という土井先生の励ましがあり、私立鹿児島中学校をめざす。

私立鹿児島中学校へ入学。

●空襲で実家が焼失。

☞家財を失う中、父・母が学費を捻出するべく尽力。学校に通い続ける。

中学校にて、歴史・修身（道徳）担当の斎藤先生から、卑怯なことをせず、まっすぐな思いを持つことの大切さを教わる。

【高校時代】
1948年
（16歳）

●鹿児島市高等学校第三部へ入学。母親から「貧しい中、必死になって高校に通わせているのに、野球に熱中している」と注意される。

☞両親が内職してつくった紙袋を売り歩いて、家計を支える。販売方法を創意工夫し、大量の注文を受ける。

西暦（年齢）	1950年（18歳）	【大学時代】1951年（19歳）	
稲盛和夫が直面した試練（下地がグレーの部分）	学制改革。鹿児島市高等学校第三部は玉龍高等学校と改称。 ●**親友たちが大学受験の勉強をしているのを見かける。大学進学ができる友人たちの家庭をうらやましく思う。** ●**大学進学を両親が反対。**	●**大学受験、第一志望の大阪大学医学部の入学試験に落ちる。第二志望の鹿児島大学工学部へ入学。有機化学を専攻。** ●**家計が厳しく、着たきりのジャンパーと下駄で過ごす。参考書を買う金もない。**	
稲盛和夫の運命を好転させた行動	☞友人より受験雑誌『螢雪時代』を借りて耽読。受験勉強を始める。自分を含め、親族の多くが結核に罹患した経験から、薬学部を志す。 ☞兄の利則と、高校の担任辛島政雄先生が、和夫を大学に行かせるよう両親を説得。大阪大学医学部を志す。	☞毎日図書館につめて勉学に明け暮れる。また、空手部に所属し、体を鍛える。アルバイトにも精を出す。	

1954年（22歳）		【社会人】1955年（23歳）	1956年（24歳）			
●不況による就職難の中、就職活動に苦戦。志望した石油関連大企業の内定をもらえず、大学の竹下寿雄先生の紹介で京都の中堅企業、「松風工業」内定。	内野正夫先生と出会う。「あなたは素晴らしいエンジニアになる」と、卒業論文をほめられる。	●松風工業に入社。給与の遅配が続き、倒産の可能性がささやかれる会社であることを知る。自衛隊への転職活動にも失敗。	世界で二番目、日本で初めて、新材料フォルステライト合成に成功。その材料を用いた新製品U字ケルシマの量産にあたり、新設された「特磁課」を任せられる。	自ら職業安定所（ハローワーク）に足を運び、後に同志となる助手たちを採用。	●U字ケルシマの量産時に労働組合のストライキが発生。
内定先に合わせて、専攻とは異なるセラミックスをテーマとする卒業論文を、半年で執筆。		腹を決めて、寝食を忘れて新材料開発に邁進する。	お客様にかける迷惑、会社の将来を案じ、スト破りを敢行。U字ケルシマ生産を続ける。			

西暦（年齢）	1958年（26歳）			1959年（27歳）
稲盛和夫が直面した試練（下地がグレーの部分）	●新任の技術部長と技術開発の方針で対立。退職を宣言。	元上司の青山政次氏とともに、その友人である西枝一江氏他に出資を要請。青山氏の説得により、出資が決まる。	松風工業を退職。結婚。	京セラ創業
稲盛和夫の運命を好転させた行動	7名の同志とともに、新会社設立に向けて行動を開始。			

図解《ずかい》　働《はたら》き方《かた》

著　者――稲盛和夫（いなもり・かずお）

発行者――押鐘太陽

発行所――株式会社三笠書房

〒102-0072 東京都千代田区飯田橋3-3-1
電話：(03)5226-5734（営業部）
：(03)5226-5731（編集部）
http://www.mikasashobo.co.jp

印　刷――誠宏印刷

製　本――若林製本工場

ISBN978-4-8379-2656-6 C0030